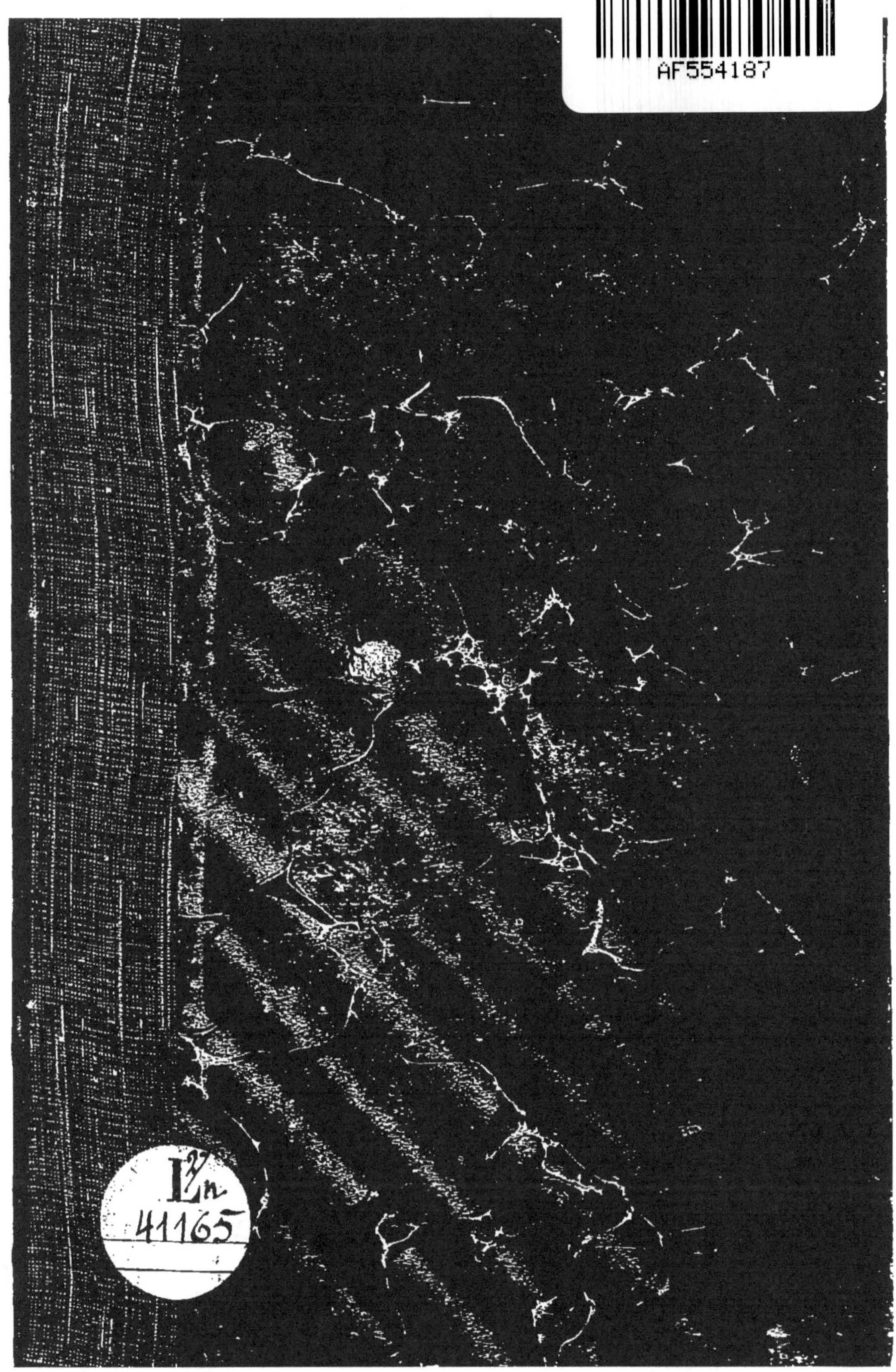

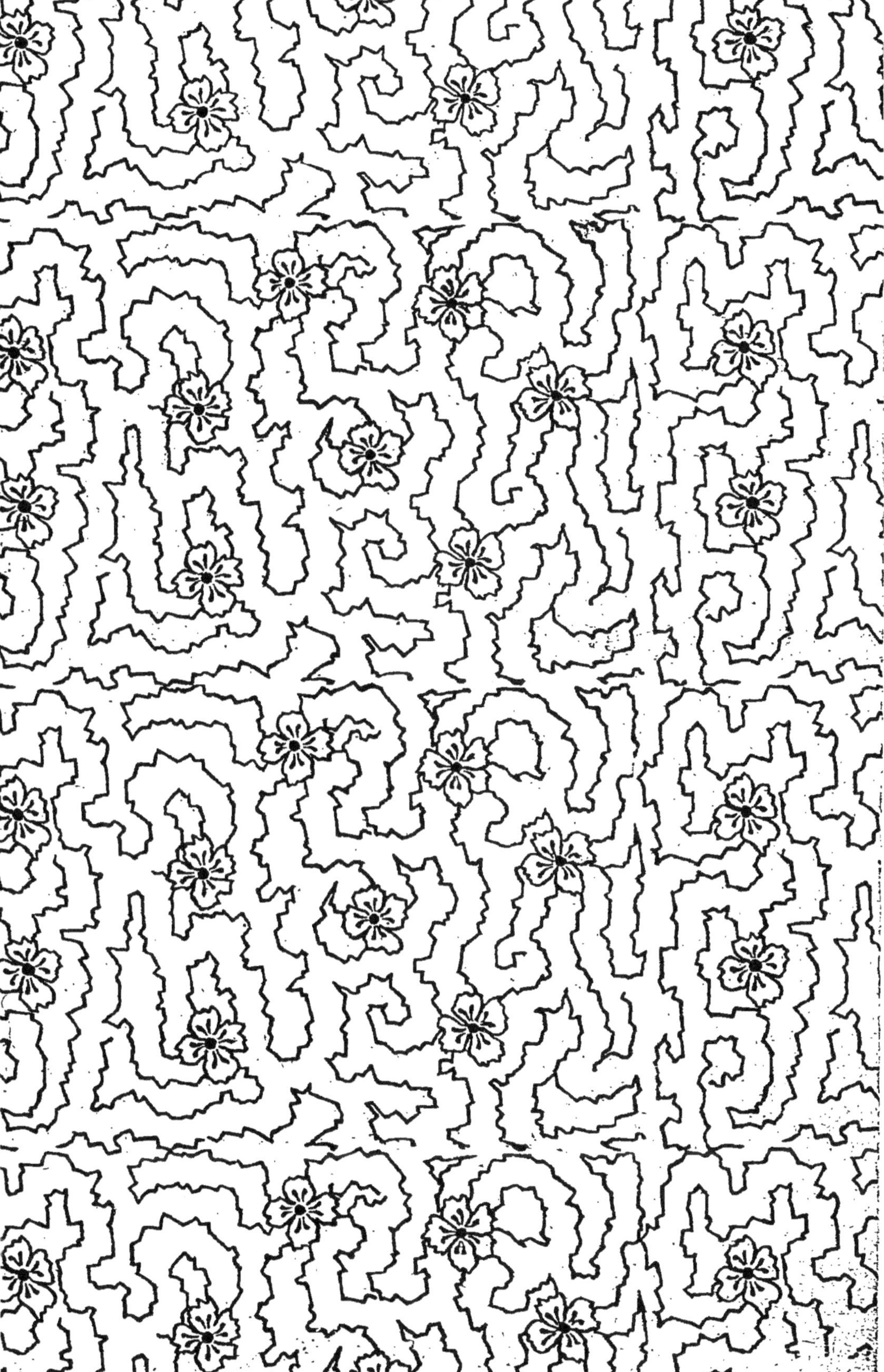

VIE

D'UNE JEUNE FILLE

CHRÉTIENNE

PAR

Mme L. DULAC née TRALLERO

ANCIENNE ÉLÈVE DE L'ÉCOLE NORMALE SUPÉRIEURE
DE VALENCE (ESPAGNE)
DIPLOMÉE ET BREVETÉE EN LETTRES PAR SA MAJESTÉ LE ROI
ALPHONSE XII ET DONA MERCÉDÈS

Sed Natura,
Non effigie.

CETTE
IMPRIMERIE, LITHOGRAPHIE ET PAPETERIE DU COMMERCE A. CROS
5, Quai de Bosc, 5.

—

1891

VIE
D'UNE JEUNE FILLE CHRÉTIENNE

PAR

Mme L. DULAC née TRALLERO

ANCIENNE ÉLÈVE DE L'ÉCOLE NORMALE SUPÉRIEURE
DE VALENCE (ESPAGNE)
DIPLOMÉE ET BREVETÉE EN LETTRES PAR SA MAJESTÉ LE ROI
ALPHONSE XII ET DONA MERCÉDÈS

Non effigie, sed Natura.

CETTE
IMPRIMERIE ET LITHOGRAPHIE DU COMMERCE A. CROS
Quai de Bosc, 5.

1891.

AD MAJOREM DEI GLORIAM

PROLOGUE

De nombreuses circonstances nous ont permis de raconter, à plusieurs de nos amis, le récit touchant qui fait aujourd'hui l'attrait de nos plus vives sollicitudes; et c'est d'après leurs approbations soutenues que nous nous sommes déterminé à donner au public, l'histoire authentique et malheureuse d'une jeune enfant d'Espagne, notre compatriote et notre amie, que nous avons connue pendant toute la durée de notre pensionnat. Notre tâche paraissait à nos yeux d'un poids presque insurmontable, mais la valeur morale et philosophique de notre héroïne, comme sujet Providentiel et comme modèle de résignation et de souffrance, nous a donné le courage de surmonter un travail si minutieux et si captivant pour nous. Nous ne nous sommes cependant pas rebuté, malgré les encouragements, parceque nous avons cru ce livre propre à réconforter les âmes timides et pusillanimes qui ne savent pas donner à leurs malheurs d'ici-bas, le cachet sacré qui les relierait si bien à la croix de Notre Seigneur Jésus-Christ, vrai et unique consolateur des affligés; et en qui notre amie doit la récompense de ses longues épreuves. Les cœurs sensibles et généreux trouveront à leur tour, dans notre lecture, un mémorial du passé ou bien une leçon pour l'avenir, et de cette sorte, elles pourront désormais tirer profit des afflictions qui sillonnent la route de l'existence humaine

Bien souvent, comme les enfants, l'homme a besoin d'images et de figures pour lire dans le livre de la vie si émaillé d'épreuves et de péripéties. Si toutefois, cet homme n'est pas un chrétien vulgaire, qui craint ordinairement de mettre à l'unisson ses œuvres et ses croyances, que de consolations et de jouissances ne se procurera-t-il pas, en se rappelant les douceurs si intimes de son instruction religieuse. Eh quoi ! Les souffrances et la mort d'un Dieu pourront-elles laisser impassible un cœur qui se dilatait déjà si bien, aux étreintes et à l'amour maternel, préludant d'avance aux consolations d'une bonne et sainte première communion. Mais, hélas ! il n'en est pas ainsi pour la plupart des créatures.

Un souffle délétère les a fait rétrograder de ce culte si consolant et qui fournit à toute époque, comme témoignage évident de sa vérité, des martyrs, c'est que les doctrines perverses ont tellement émancipé lh'omme en le rendant insensible et coupable, orgueilleux et fier, ne lisant désormais que pour ses caprices en élaguant toute vérité.

Aussi, on le constate avec effroi, notre siècle a fourni plus de souffrants que jamais ; mais cette souffrance, soit qu'elle provienne du manque de religion, soit qu'elle ait sa source dans les efforts successifs dirigés vers le bien-être, que l'on semble atteindre, mais qui finit toujours comme une ombre vaine, cette souffrance, dis-je, n'a aucune valeur, parcequ'elle sort de l'origine de Celui qui les envoie pour notre sanctification. Cessez vos efforts d'insouciance, ô hommes, lisez la vie des saints ou celles qui s'y rapprochent, alors seulement vous deviendrez soucieux, à la vue du peu de compte qu'ont fait les enfants de Dieu, de cette terre qui n'est après tout qu'un pont de passage. Mon sujet est dans son entier une application dogmatique et morale de la religion catholique, trouvant écho dans la conduite et la vie de cette jeune enfant qui servit d'édification à une ville assez importante d'Espagne ; et mon intention aura par là un double but en démontrant à notre siècle d'impiété que les chrétiens ont seuls le pouvoir de surmonter les souffrances avec l'assistance de Dieu, et enfin de leur donner de la valeur au point de vue de l'autre monde. Mon sujet ne trouvera également sa principale éloquence que dans la valeur des faits, qui émeuvent bien plus, racontés dans leur simplicité, que ne le pourrait faire un récit apparemment prétentieux et qui, somme toute, ne donnerait pas plus de valeur au sujet, parlant assez éloquemment de lui-même.

Nous formons les meilleurs vœux pour que le bénévole lecteur, ait compris le sens tout pratique de notre prologue, et surtout que, sachant en tirer profit pour le bien réciproque de tous, il reconnaisse l'égard dû à la souffrance émanant du ciel, et qui n'est autre qu'une épreuve ayant pour but de reconnaître notre soumission et notre fillial attachement à Dieu, aux dépens même de nos plus rudes et de nos plus chers sacrifices. Tel est le but que nous poursuivons en donnant de la publicité à nos écrits.

Nous désirons qu'ils fructifient et par là que notre âme soit dédommagée de ses efforts dans cette vie et dans l'autre. Nous sommes portés à croire que les faits historiques de celle qui a su si bien profiter des tourments de la vie, pour sa sanctification, arracheront quelques larmes au lecteur, en voyant une enfant aux prises avec les douleurs de chaque instant.

DÉDICACE

*A Mademoiselle Marie ***.*

Le désir que vous avez de vivre cachée et solitaire sera peu satisfait en lisant au grand jour le récit des événements si pénibles qui ont tant torturé votre existence. Mais qu'importe qu'on les sache, sans connaître votre nom, puisque je les crois appelés à faire quelque bien.

La vie de l'homme, sur cette terre, comme nous le disent les Saintes-Écritures, n'est qu'un gémissement continuel. En écrivant votre vie, j'ai voulu utiliser la vôtre, car elle a été au-dessus de l'ordinaire et pleine de consolantes espérances, grâce à votre bonne piété. Ne vous effrayez donc pas, et continuez à vivre comme la violette, qui répand son odeur tout en demeurant cachée, rapportant ensemble à Dieu le bienfait de vos exemples et le mérite de l'inspiration que j'aurais pu avoir dans mon livre.

VIE D'UNE JEUNE FILLE

CHRÉTIENNE

PAR

Madame Lucien DULAC née TRALLERO

DIPLOMÉE ET BREVETÉE PAR SA MAJESTÉ LE ROI ALPHONSE XII

ET DONA MERCÉDÈS

Non effigie, sed naturâ.

VIE D'UNE JEUNE FILLE CHRÉTIENNE

CHAPITRE Ier

La Famille

La famille X... avait hérité de ses ancêtres d'un sentiment profondément religieux, et qui devait être en pratique rattaché à toutes les actions de la vie. La fortune est généralement moins utile, en bien des circonstances, que ne le sont un jugement sain et des procédés loyaux et pleins de courtoisie. Aussi, cette famille s'attacha bientôt toute la sympathie et toute la bienveillance des habitants de sa ville natale. Espagnol d'origine, le père laborieux et actif poussait courageusement son petit commerce, afin de donner plus d'aisance à son ménage et de satisfaction à son épouse, qui était un modèle de piété et de dévouement. Tout s'y faisait à merveille dans cette nouvelle famille : les prières du matin et celles du soir étaient dites en commun ; l'assiduité à tous les offices de la paroisse y était ponctuelle, les jeûnes mêmes ne repoussaient pas de leurs austérités les nouveaux époux. La dame X..., plus particulièrement attendrie à la vue des malheureux, tenait toujours ouvertes les portes de sa maison, aux infortunés de la terre, afin d'attirer les bénédictions célestes sur leur tête, pendant toute la durée de la vie de son mari et de la sienne. Comme on le voit, la famille dont nous parlons, n'avait pas jusqu'ici fourni des sujets empruntant à la noblesse de la terre la valeur qui éblouit leurs subordonnés; leur noblesse à eux était, je le crois, bien supérieure à celle-ci, car elle rattachait ses liens non pas à un puissant de la terre, mais au Dieu Immuable et Eternel qui est le créateur et le maître de tout ce qui vit. Engagés volontairement à continuer la vieille piété traditionnelle, les époux s'inspiraient de plus en plus des exemples de la vie de Jésus-Christ et de ses saints, d'autant plus glorifiés au Ciel, qu'ils avaient supporté les humiliations et les avanies d'ici-bas. Telles furent les prémices de cette nouvelle union, marchant selon la doctrine chrétienne et la franchise sociale.

CHAPITRE II

Les premières Années de Marie

C'est en 18... que naquit, de cette famille exemplaire, la petite Marie, dont les vertus et le courage feront le sujet de cet essai.

L'enfant ne bégayait pas encore, que la mère joignait déjà ses vœux et ses prières aux tendres soins et aux naïves caresses dont elle était l'objet.

Maintenant qu'elle commençait à bégayer, elle lui répétait des noms sacrés, des noms divins, que l'enfant essayait de répéter à son tour avec le sourire de l'innocence.

Et la mère, poursuivant sa mission sublime de mère et d'institutrice d'un ange, ajoutait bientôt à ces noms sacrés et divins un mot, et puis un autre mot, lorsque l'enfant savait redire le premier, et l'ange répétait les invocations à Jésus et à Marie, à l'âge où les enfants ne font que bégayer encore.

Or, la pieuse mère était tout heureuse des dispositions précoces qu'elle croyait déjà pressentir dans l'intelligence et le cœur de sa petite Marie.

Puis, poursuivant sa tâche, lorsque l'angélique enfant commençait à mettre un pied devant l'autre, elle exerçait ses pas jusqu'à la statue de la sainte Vierge qui avait un petit autel placé dans la chambre, ce qui semblait extrêmement lui plaire. Mais à peine l'enfant parut-elle fortifiée, que la bonne mère se faisait un plaisir de la conduire en famille à l'église voisine où elle s'inspirait de la tenue et du recueillement de sa tendre mère. La petite Marie préférait feuilleter des livres que de s'amuser avec des joujoux. Aussi, après l'avoir assise, sa mère lui donnait l'objet de ses désirs et vaquait aux soins de son ménage. Donnant ainsi des marques de religion et d'attachement au travail intellectuel, les parents et les amis de la petite Marie l'avaient surnommée: *la philosophe*, qualificatif qui lui convenait, en effet, car, à l'instar de l'Enfant divin, elle grandissait en âge et en sagesse, progressant d'ailleurs dans toutes ses voies. Or, ce tableau nous remet en pensée celui qui se passe aujourd'hui sous nos yeux.

Nous voyons bien les enfants croître et grandir, aujourd'hui comme hier, mais les voyons-nous croître en sagesse et en vertu, en même temps qu'ils croissent en âge ?

Qui ne sait, hélas ! qu'en avançant d'un pas dans les voies de la vie, ils avancent plus encore dans les sentiers opposés à toutes les vertus chrétiennes ?

Quelle en est la cause, sinon que les enfants n'ont ni de bons exemples, ni de bons enseignements, ni de bons livres au foyer domestique, et que la maison paternelle, tout providentiellement destinée à la direction de l'enfance dans les voies droites, à lui faire aimer et pratiquer de bonne heure la vertu, n'est déjà plus aujourd'hui qu'une source de scandale, qu'une pierre d'achoppement pour les âmes pures et naïves qu'elle aurait mission d'initier à l'amour et à la pratique de tout bien ?

O honte ! que des parents chrétiens, ayant appris du divin Maître qu'il vaudrait mieux n'être pas né que de scandaliser le moindre des petits enfants dont l'âme voit et contemple la face des anges, aient moins de sollicitude pour l'enfance que les païens eux-mêmes, qui l'environnèrent toujours du plus grand respect.

Ils ne savent donc pas, ces contempteurs de la mission la plus sainte et la plus sacrée qui soit au monde, que l'homme ne recueille ci-bas que ce qu'il a semé ! et c'est pourquoi, si vous semez de mauvais exemples et de mauvais enseignements dans l'âme de vos fils et de vos filles, pensez-vous recueillir autre chose que des fruits amers, c'est-à-dire du mépris, des révoltes et des menaces, sinon même des hontes et du déshonneur !

Et quels temps ont jamais mieux témoigné de cette vérité que les temps présents ?

Les foyers domestiques ne retentissent-ils pas en tous lieux des puissants cris d'angoisse ?

Ceux qui devaient nous aimer nous haïssent ; ceux qui devaient nous appuyer nous poussent vers la chute ; ceux qui devaient nous être un sujet de gloire et de félicité nous couvrent de confusion et déchirent les entrailles qui les ont portés, le sein qui les a nourris ; nous nous sommes trompés ! au lieu d'élever des enfants, nous avons élevé bien souvent des êtres contre-nature....,. Voilà bien, en effet, les tristes et douloureux accents qui montent aujourd'hui de la terre entière jusqu'au ciel, déjà trop vengé des parents infidèles à leur noble mission.

Mais ne nous éloignons pas plus longtemps du foyer domestique qui nous paraît si plein d'intérêt.

La jeune Marie n'avait pas encore atteint sa huitième année, qu'elle n'était plus, selon le jugement unanime de la population de sa ville, une enfant, mais un ange dont la piété avait crû chaque jour au contact de ses parents.

La petite Marie n'avait pas encore été envoyée au pensionnat pour y faire fructifier les précoces dispositions qu'elle avait apportées en naissant. C'est pendant que les parents de Marie s'y disposaient par le choix d'une école tout à fait irréprochable, qu'éclatèrent ces guerres sanglantes et désastreuses qui ont rougi tant de fois la terre bénie et féconde d'Espagne.

Le père avait considéré d'un œil scrutateur les conséquences fâcheuses qu'aurait à son égard le trouble national, Soucieux alors des destinées de son petit ange, il avait pris des mesures qui lui assuraient la sécurité de celle qu'il avait tant à cœur. La petite Marie n'avait pu réaliser son ascension progressive dans la morale et dans les sciences, mais ce n'était point la faute de ses parents qui pleuraient chaque jour en voyant les désastres qu'accumulait la guerre civile. Le deuil et la panique terrifiaient journellement les parents de Marie qui débutait ainsi dans la vie, par l'école si escarpée de la souffrance. Bien que souffrant cruellement de cet état de choses et de l'ennui qui lui causait la réclusion de ne pouvoir prendre son libre essor dans un couvent de religieuses, où elle aurait tant pu dilater son cœur, la pauvre Marie avait accepté la souffrance qu'elle apaisait par la prière au sein de sa bien-aimée famille.

A tout instant du jour et de la nuit, les yeux en larmes, au pied de son crucifix, elle adressait à Dieu sa prière fervente et dont Victor Hugo a su trouver le secret dans ces vers :

Vous qui pleurez, venez à Dieu, car il pleure ;
Vous qui souffrez, venez à lui, car il guérit ;
Vous qui craignez, venez à lui, car il sourit ;
Vous qui passez, venez à lui, car il demeure.

Et cependant les esprits du dehors s'échauffaient toujours davantage, rien ne faisait espérer encore la fin de ce combat qui avait jonché les rues de morts et de mourants, qui avait jeté toutes les familles dans le deuil et la désolation, et, enfin, qui glaçait d'effroi et d'épouvante les enfants encore à la mamelle Tout, en un mot, faisait prévoir qu'il fallait une issue finale de cette terrible solution, mais qui devait être pour Marie plus poignante que l'excès des fatigues que son père et sa mère lui montraient dans une anxiété mortelle et que les soucis que lui causaient à son âge, bien tendre encore, la dissolution du pouvoir. La pauvre enfant, néanmoins, abîmée jusqu'à la moëlle de ses os, n'espérait aucune satisfaction heureuse de toutes les débacles dont ses yeux étaient frappés, et tout lui démontrait que ses lèvres devaient boire encore bien avant dans le calice des amertumes. Soutenue par une puissance divine qui ne fléchissait pas, elle avait engagé ses parents à la confiance en Dieu, qui repose et soutient les malheureux.

CHAPITRE III

—

La grande épreuve

Lorsque Dieu a des desseins particuliers sur une âme, il commence par l'embellir des vertus et des forces qui doivent être l'apanage de son triomphe sur le monde. La petite Marie, à cause de son grand amour et de son inaltérable soumission à la divine Providence, avait été déjà revêtue des prérogatives qui devaient lui assurer, en quelque sorte, le dédommagement des souffrances continuelles qui avaient toujours précédé les actes de sa jeune et belle existence. Dans l'ordinaire, courageuse et ferme, elle avait toujours été la consolation de ses chers parents, à travers tous les dangers et les troubles nationaux. Aussi bien, les épreuves n'avaient pas encore touché à leur terme; et pour que notre famille si chrétienne donne à ses contemporains une preuve convaincante de son inébranlable attachement aux croyances qu'elle professait, une grande épreuve planait déjà sur la tête de cette famille dévouée par conviction au service du Christ. De nos jours, les hommes pusillanimes et même ceux qui ont des apparences de courage se désistent bientôt de leur croyance chrétienne, lorsque les affaires humaines ne vont pas au gré de leurs désirs, Ils veulent alors discuter avec Dieu, qui résiste toujours aux orgueilleux et surtout à ceux qui se targuent de ne pas reconnaître l'effet de sa paternelle Providence, qui veille sans cesse sur nous, et qui, mieux que ne le ferait un raisonnement humain, nous conduit irrévocablement au but primordial de notre vie. Et. lorsque l'homme, peu soucieux des soins de Dieu, s'éloigne ainsi de lui, il est alors abandonné de ses propres forces, et il ne tarde pas à échouer sur l'écueil si fertile en naufrages de ce monde.

Il vaut bien mieux réaliser ce que Saint-Paul disait aux chrétiens de son temps : « Nous sommes les membres du corps souffrant de Jésus-Christ : » Etre les membres du corps souffrant avec lui. Et si, notre Seigneur, pour pardonner à l'homme sa formidable déchéance, a voulu expirer sur un infâme gibet, n'est-il point juste que nous aimions cette souffrance sanctifiée qui doit être le prélude de nos récompenses finales, parcequ'il aura été accepté par notre libre arbitre, comme un témoignage formel de l'amour de ce Dieu si démesurément indulgent pour sa créature.

Mais reprenons notre sujet, car la philosophie des événements s'était déjà justifiée dans ses présages et la grande épreuve qui se tramait ne devait pas tarder à atteindre ceux sur qui le choix avait prévalu...... Après la prière du soir, les parents de la petite Marie avaient pris l'habitude, dans ces temps de danger, de parler des précautions à prendre pour le lendemain. C'est pendant ce temps que quelques hommes des troupes

Carlistes arrivèrent à la maison de M. X. et lui remirent une lettre dont la teneur était celle-ci :

Monsieur,

« La pénurie de soldats nous oblige d'incorporer tous ceux qui « jusqu'ici avaient été retenus dans leur foyer.

« Vous n'hésiterez pas, nous l'espérons, à suivre l'exemple de « nos valeureux prédécesseurs, pour la conquête du sol de notre « chère patrie, que nous aimons à plus d'un titre. Bien que le sacri- « fice de laisser l'enfant, sur laquelle vous aviez tant de vues, vous « paraisse insurmontable, nous vous nommons commandant à cause « de votre savoir et à titre de dédommagement. Soyez rendu à « Cantabiéja dès demain . . . .

. . . .

La lecture de cette lettre navra de douleur le cœur de la malheureuse Marie, qui se jeta en sanglots au cou de son père. On eut beaucoup de peine pour la revenir de cette crise nerveuse, qui augmenta la désolation de sa famille. Revenue après quelques heures à la lucidité de ses facultés, elle montra autant de courage qu'elle avait été abattue tout d'abord et cette consternation si naturelle en pareille circonstance ne laissa pas cependant Marie sans espérances, car elle revêtit de ses petites mains le cou de son père, auquel elle suspendit quelques reliques, livrée du chrétien, tout en lui promettant qu'elle allait redoubler de ferveur dans ses prières. — La séparation du lendemain, comme on le pense, fut cruelle et déchirante pour tout cœur sensible. Tous les amis étaient là, pour soutenir de leur encouragement, la mère et la fille du vaillant soldat, qui n'avait jamais consenti à s'expatrier, pour s'assurer plus de tranquillité. La petite Marie suivit de ses yeux baignés de larmes, la voiture emportant son père, jusqu'au détour de la rue, et puis, fidèle à ses promesses, elle alla trouver dans la prière le beaume qui devait cicatriser la plaie sanglante de son cœur.

Les heures qui s'étaient écoulées depuis le départ de son père, parurent à la malheureuse enfant des siècles entiers, et déjà, la langueur semblait atteindre la santé de la pauvre Marie. Elle disait souvent à sa mère cette parole si profonde en réflexion : « N'est-ce pas maman, que les chagrins d'un départ sont pour ceux qui restent? » Elle laissait entendre par là, le désir en qu'elle avait d'aller habiter Cantabieja, ou le père était résidence, avec son corps d'armée. La mère, également, avait aussi trop senti la douleur unanime que causait l'irréparable absence de son mari, et elle acquiesca aux désirs de sa tendre fille. Tout était déjà préparé pour le départ, lorsqu'une lettre du cher absent arriva, et, voici ce qu'elle contenait : « ..... vu le nombre de victoires qu'ont remportées nos troupes, je crois que le triomphe nous est désormais assuré, et c'est ce qui me porte à croire que nous habiterons Cantabieja jusqu'au jour où nous serons tous congédiés. Vous pouvez venir m'y rejoindre, car je vous y attends impatiemment. » — Arrivées à Cantabieja, la petite Marie et sa mère, allaient reconstituer le ménage exemplaire.

Quelques jours passèrent ainsi, dans une effusion intime d'épanchements réciproques et qui avaient tant calmé la pauvre enfant, des ennuis d'une séparation trop douloureuse à son cœur. Cette paix apparente, avait trompé le jugement des carlistes, dans leur certitude morale des victoires remportées, et qui paraissaient leur assurer l'autorité du territoire espagnol. Mais les adversaires plus acharnés qu'autrefois, avaient déjà multiplié leurs efforts pour reconstituer leurs troupes en décuplant leur primitif contingent. La place carliste de Cantabieja donna bientôt le signal d'un combat imprévu et qui devait être long et sanglant. Les armées, en effet, ne tardèrent pas à être en présence l'une de l'autre. Les habitants de la ville, affolés de désespoir, couraient éperdûment dans les murs, craignant un mauvais résultat pour les troupes de la régence. On ne saurait se faire une idée exacte de ces tableaux écœurants qu'offre l'Espagne dans ce genre de guerre, qu'il faut avoir vu de près, pour se sentir glacé d'effroi. La petite Marie, terrifiée par ce départ si brusque, constatait que sa croix s'alourdissait de plus en plus, mais néanmoins elle voulut la supporter avec Jésus, espérant toujours détourner les balles du cœur paternel. Ses peines néanmoins étaient arrivées au paroxysme de la douleur, et si Marie n'y succomba point d'affaissement, c'est qu'elle fut soutenue jusqu'au jour où Dieu lui manifesterait la fin de ses souffrances, en lui accordant le triomphe de sa cause.

Mais, hélas ! il s'ébruita bientôt en ville que l'armée carliste était en déroute et qu'il y avait bon nombre de prisonniers, parmi lesquels se trouvait le père de Marie. Quel noir chagrin troublait alors l'esprit de cette pauvre enfant si jeune et agissant avec une persistance au-dessus de son âge et de son tempérament. Malgré la nuit et le froid rigoureux de la saison d'hiver, Marie et sa mère résolurent d'aller voir, peut être cette fois pour la dernière, le captif qui se trouvait dans des mains peu clémentes. Quel courage, pour une jeune enfant, de ne pas redouter la vue d'un champ de bataille semé de morts ça et là et qu'assombrissait la nuit épaisse d'un mois d'hiver. Tout l'attirait vers son père dans ce suprême instant. Arrivées à l'endroit où étaient réclusionnés les prisonniers, la sentinelle s'obstinait à ne pas laisser franchir la limite imposée à ces étrangères, au visage pâle, chagrin et dénotant une grande souffrance. Un officier, qui se trouvait là par hasard, lui demanda le motif qui les amenait chez eux à une époque où ceux qui sont dans leur maison frissonnent d'épouvante. Et toi, surtout, que viens-tu faire ici, demanda l'officier d'un air de pitié à la pauvre Marie. Je viens voir et...... réclamer mon père. Quel est le nom de ton père, reprit l'officier? Et Marie prononça tout en pleurs le nom de celui qui lui était très cher et qui jadis lui avait tant prodigué ses tendres caresses.

Veux-tu consentir à le voir et à repartir aussitôt après, ajouta l'officier, comme dernière interrogation ? Si vous le voulez bien, je le verrai et cela grâce à votre bonté, mais quant à repartir, non, non, je préfère subir son sort quel qu'il puisse être. Pendant cet entretien, bon nombre de soldats avaient entouré la pauvre enfant, et ils admiraient le sentiment profond de ses résolutions. La permission accordée par le général de voir le père de la petite Marie étant arrivée, l'escorte défilait déjà pour accompagner l'enfant et la mère au quartier où se trouvaient les prisonniers. Mais, ô déception, M. X... ne s'y trouvait plus. Que les temps avaient changé, et que la petite enfant en souffrait !

« Tout comprendre rend très indulgent, » a dit avec

raison Madame de Staël, et c'est le cas de l'appliquer à ce moment si désespérant de la vie de Marie, moment si rempli d'amertume qu'en vain la plume s'efforcerait d'en écrire les détails selon leur juste valeur. Le cœur seul sait souffrir pour développer les sentiments de compassion et de sympathie à l'égard du dévouement et de l'amour de cette chétive enfant qui ne cessait pas de marcher en présence de la douleur.

Et cependant la pauvre enfant voulait connaître le sort de son père. Prévenue subitement qu'il devait se trouver parmi les officiers carlistes que l'on allait fusiller à l'instant, elle s'y rendit toute tremblante de frayeur. Le père de la pauvre Marie s'y trouvait, comme on le lui avait dit, attaché à un poteau. Déjà on lui avait bandé les yeux, et son tour allait arriver bientôt, car il devait passer de vie à trépas. D'un bond, Marie se trouva au pied du chef de service. Trouvant alors dans son cœur des sentiments pour la circonstance, elle sut si bien attendrir ce monde que tous les spectateurs demandèrent grâce pour le père de cette angélique créature. Puis, en présence d'une foule nombreuse, elle fit cette prière émouvante : « Dieu tout puissant, venez à mon aide, et faites-moi plutôt mourir que mon père. »

Les sanglots et les larmes que provoqua cette enfant attendrirent et firent pleurer chaudement tous les spectateurs.

Placée entre le poteau auquel était lié son père et celui qui devait commander le feu de peloton, elle avait demandé la grâce au nom de l'utilité de celui qui l'avait soutenue jusqu'alors.

Le ciel l'avait voulu, et M. X. fut gracié sur le

champ, grâce à son enfant. Voilà les moyens dont Dieu se sert pour montrer que la souffrance, unie à la sienne, purifie non seulement nos intentions mais qu'elle nous attire les bénédictions, sur les moments périlleux de notre vie. Cependant, la pauvre enfant n'avait pas vu avec sang-froid la scène tragique qui devait amener une fin si pénible aux jours de son père et cette circonstance la rendit bien malade.

Profitons de cette occasion pour reporter à son auteur l'effet de notre récit. — La vanité de notre siècle se plaît à mépriser les âges passés.

Il semble, à entendre certains réformateurs, que c'est de nos jours seulement que les lumières ont éclairé le monde, et on oublie les grands génies dont les noms méritent respect et reconnaissance. On plaide pour les droits et l'influence des femmes, comme si, précédemment, l'histoire du peuple fidèle de Dieu ne contenait pas des noms de femmes puissantes par la grâce du ciel et dont le souvenir reste doux et attachant. Rappelons cette Sarah, que Dieu réprimande parce qu'elle a douté de sa promesse ; Agar, consolée dans le désert par un ange.

Rachel, qui ne voulait pas être consolée parce que son fils n'existait plus ; Rebecca, épouse d'Isaac ;

Noémi, remarquable par sa beauté ;

Ruth de Moab, si tendre, si dévouée à la mère de l'époux qu'elle a perdu ;

Deborah la prophétesse qui chassa les ennemis d'Israël et chanta la délivrance de son pays ; Judith, cette femme ferme, si vaillante, si pleine de beauté, qui sauva Bethulié ;

Et cette Esther, si remplie de grâce et de majesté,

qui, au péril de sa vie, fit révoquer la sentence de mort prononcée par Assuérus contre le peuple juif. Puis, après ces caractères si poétiques de l'ancien Testament dans les saints évangiles, sans parler de la Vierge, la plus noble et la plus pure des créatures, quels noms viennent encore charmer l'oreille et le cœur! c'est Anne, Elisabeth, Marthe et Marie, sœurs de Lazare, Salomé, la veuve de Naïm, Madeleine. Ces femmes vivront à jamais dans la mémoire des peuples, parce qu'elles sont restées attachées à Dieu qui est la vérité, et qu'elles ont gardé le feu sacré de la foi.

Lors de l'établissement du Christianisme, pendant les persécutions de Néron et de Tibère, la liste des héroïnes qui moururent pour la foi du Christ serait trop longue à détailler ; parmi elles distinguons avec respect et admiration : les Agathe les Félicité, les Perpétue, les Agnès, les Théodosie, les Philomène.

Ces saintes si nombreuses n'ont été intimidées ni par les bêtes féroces du cirque, ni par les flammes du bûcher, ni par les ongles de fer ; elles ont été fortes parcequ'elles étaient chrétiennes. Rien ne parait donc surprenant que Dieu, qui a donné au monde tous ces prodiges d'admiration comme récompense de leur foi et de leur piété, ait récompensé la petite Marie de sa soumission et de sa foi. Nous créons pour un jour, et Dieu crée pour les âges, a dit Lacordaire, imageant ainsi la condescendance de Dieu pour sa créature, à laquelle il ne cesse de donner des exemples, dans lesquels, il puisse lire chaque jour, les preuves de sa Toute-Puissance et de sa bonté pour le genre humain.

CHAPITRE VI

Cessation des hostilités

De retour à Valence, tous les soucis et tous les soins s'étaient portés vers la pauvre enfant. Son état parais-sait faire oublier à son père l'inquiétude de son récent danger, et sa mère pleurait amèrement sur le sort de son enfant. Si Dieu avait récompensé et donné gain de cause à ses fidèles serviteurs par l'intermédiaire de Marie, il ne voulait cependant pas que l'orgueil fit suite à leur réussite, en les détournant de leurs principes religieux. La petite Marie, couchée dans son lit, supportait patiemment les souffrances de sa maladie, mais elle ne cessait pourtant de prier, non comme le dit Saint-Thomas, pour changer les volontés de Dieu, mais bien pour les accomplir en obtenant ce qu'il ne peut donner qu'au mérite de la prière; pendant ce temps, la nouvelle se répandit dans tout Valence, que la petite Marie avait sauvé son père d'un imminent danger et cet acte de courage héroïque lui avait attiré tous les éloges de la population. On s'intéressa vivement alors à son état, et de nombreux visiteurs venaient chaque jour s'asseoir auprès de son lit, pour converser avec elle, afin de s'inspirer de sa piété et de ses exemples. Tous voulaient à l'envie la contempler, la féliciter de son succès et, comme gage de leur vénération, on lui apportait sans trêve de petits cadeaux qu'elle faisait distribuer ensuite aux enfants pauvres de l'endroit et, à ce sujet, toutes les mères de famille la donnaient comme exemple de désintéressement à leurs enfants. Malgré son extrême faiblesse, elle ne pouvait s'empêcher de raconter à ceux qui venaient l'entendre les bienfaits et la munificence de Dieu, dans toutes ses œuvres, ce qui faisait pleurer chaudement tous les assistants. La pauvre enfant ajoutait ensuite qu'elle ne regrettait pas d'avoir souffert en Dieu et pour Dieu, qui l'avait dédommagée au-delà de tout mérite et de toute espérance. Aussi, s'écriait-elle aussitôt, dans un transport de reconnaissance, à l'instar de Sainte Marguerite de Cortone : « Ah! Seigneur, si mon cœur égalait en volume le monde entier et qu'il se fondit en larmes et en sueur de sang par la violence de la douleur de vous avoir offensé, je ne pourrais pas même réparer par là la plus légère de mes fautes. »

Plus Marie avançait en âge, plus elle apportait de soin à se perfectionner en évitant le péché qui nous éloigne de Dieu. Ces actes d'amour divin, réitérés souvent dans la journée, étaient sa seule consolation et traduisaient la vive reconnaissance qu'elle avait à l'égard de son divin Maître. Les soins diligents d'un habile médecin eurent enfin raison de la maladie de la pauvre enfant. Dieu n'avait pas voulu enlever à la terre cette fleur éclose sous le souffle divin, attendu que ses exemples devaient inspirer encore bien des âmes, pendant la durée de sa vie. Le temps de la maladie de sa fille avait été pour M. X***, une cause qui le fit exempter provisoirement de ses charges de commandant, et puis, sa situation elle-même réclamait bien cette indulgence. A la guérison de son enfant, une triple joie devait le réjouir et le consoler de toutes ses peines.

On annonça, en effet, que la paix était conclue à l'avantage des troupes carlistes, qui restaient maîtresses de leur pays. Si l'armée de Cantavieja avait subi, en dernier lieu, un échec, par contre, celles de Obon Ternel, etc., avaient été avantageusement victorieuses et ce fut ce point de départ qui occasionna leur définitif triomphe. Par mesure de prudence, on ne renvoya qu'un petit nombre de soldats sous les armes. Mais, néanmoins, M. X*** ne devait pas tarder à voir arriver son tour. Marie fut bien contente ce jour-là, et cette assurance pour l'avenir ne fit que raffermir sa santé, qui arriva bientôt à un état satisfaisant de consolation pour ses parents. Elle ne désirait en ce moment que de retourner avec sa famille au pays natal, afin d'y rendre publiquement ses actions de grâce au divin Sauveur, et après y avoir installé ses parents, comme autrefois, rentrer enfin dans une maison d'éducation pour y faire son instruction sur toutes les matières.

L'éclat de ses vertus et de son courage ne s'était point encore effacé de l'esprit des habitants de Saragosse, qui voulurent lui faire un hommage public et mérité, afin de perpétuer le souvenir de son acte de dévouement. La petite Marie se dérobait, autant que faire se peut, à ce genre d'ovations qui contrariaient trop sa précoce humilité. Mais elle dut enfin, malgré ses vues, recevoir avant son départ des mains d'une de ses amies un petit cœur en or dans lequel était gravée la date mémorable de la délivrance de son bon père. Après avoir accepté ce cadeau, comme preuve d'amitié, elle remercia gracieusement ses bienfaiteurs, en leur promettant que la date si heureuse du salut de son père, servirait aussi à rappeler à son cœur, leur bienveillant souvenir. Depuis, la petite Marie conserve cette relique qui lui rappelle tant de souvenirs d'enfance.

La leçon principale qui ressort de ce récit, repose sur deux vérités essentielles et fondamentales : nous ne pouvons nous sauver que par la grâce, nous ne pouvons obtenir la grâce que par la prière. Prétendre atteindre le ciel par nos propres forces, ou compter sur le secours divin sans l'implorer, sont deux présomptions également funestes. La même voix qui a dit : Sans moi vous ne pouvez rien faire, a dit aussi : Il faut toujours prier et ne jamais manquer, et puisque la grâce est un besoin, la prière est nécessairement un devoir qui ne peut être suppléé. Dieu l'a voulu ainsi. Maître de ses dons, il ne nous les doit pas ; il est donc libre, quand il veut bien nous les accorder, de les attacher aux conditions qu'il prescrit, car ces conditions sont faciles à remplir, elles sont à la portée de tous.

La prière n'est pas un art, elle est un sentiment; elle n'exige pas de talent, il ne faut que de la volonté ; elle n'est pas une science qu'on acquiert par des études, le livre qui en contient les règles est dans notre propre cœur. Nous nous plaignons souvent de ne pas voir nos prières exaucées ; ne nous y trompons pas, ce n'est pas Dieu qui manque à sa promesse, c'est nous qui ne donnons pas à cette prière du cœur, les caractères qu'elle doit avoir. Le premier est celui que Jésus-Christ lui-même indique : c'est qu'elle soit faite en son nom.

Prier au nom de Jésus-Christ, c'est dans le sens strict et littéral, demander par sa médiation, avec son intercession, en vertu de ses mérites ; nous ne sommes par nous-mêmes que péché : aussi, quand Dieu daigne nous exaucer, c'est en considération de Jésus-Christ, médiateur puissant entre Dieu et les hommes, intercesseur éternel auprès de son Père, il lui offre continuellement nos vœux et les lui fait agréer. L'efficacité de la prière faite en son nom vient de ce que Dieu, qui ne nous doit rien, ne peut rien refuser à son fils; puisque nous devons prier au nom de Jésus-Christ, il faut en conclure que nous ne devons pas faire des demandes contraires à sa justice, à sa loi, aux intérêts de notre salut, pour lequel il s'est immolé, et que Dieu prend en considération, non seulement la qualité, mais l'objet de la prière.

Le second caractère de la prière, c'est l'humilité.

Le troisième, c'est la confiance : tous deux s'expliquent et se concilient facilement. L'humilité est fondée sur le sentiment de notre néant, la confiance a pour base la promesse divine; rien ne nous est dû, soyez humble, tout vous est promis, soyez confiant; vous êtes par vous-même incapable de mériter, comment auriez-vous de l'orgueil, Jésus-Christ a mérité pour vous, quelle défiance pourrait vous rester.

Une quatrième qualité nécessaire à la prière pour la rendre efficace, c'est la persévérance. Jésus-Christ promet que les vœux faits en son nom seront exaucés, mais il ne fixe pas le moment.

Ames chrétiennes, gardez-vous de vous décourager. Dieu dans sa justice pèse la valeur de votre prière ; dans sa sagesse, il en considère l'utilité ; son retard à vous exaucer a peut-être pour objet d'éprouver votre foi, votre humilité, de ranimer votre ferveur, les grâces du Seigneur ne sont-elles pas assez précieuses pour être sollicitées souvent et longtemps ? Si vous cessez de prier, ce sera peut-être le moment où Dieu était prêt à céder à vos instances, et vous perdez tout votre mérite, au moment où vous alliez en recueillir le fruit.

Voilà comment s'accomplissent les desseins de la Providence sur les destinées d'une famille qui a su se soumettre aux épreuves d'en haut, survenues pour centupler son mérite et donner un résultat qui est le couronnement de sa foi et de sa constance.

Si la petite Marie en a été la héroïne, c'est qu'elle conservait pieusement à un âge si tendre, les enseignements maternels, sur la religion chrétienne ; et, les exemples de la vie de famille lui avaient été autant de frappantes images, qui lui indiquaient la nécessité de la prière, indispensable à tous les actes de la vie, qu'elle réglera sur l'ordonnance divine et, grâce à cette précaution, le découragement n'aura jamais d'empire sur son cœur.

CHAPITRE VII

—

Retour au Pays natal

La belle saison du printemps avait beaucoup favorisé le voyage des parents de Marie. Autant le souvenir de l'hiver passé causait de tristesse à leur cœur, autant la saison printanière était souriante de consolation et de tranquillité. Arrivés enfin au pays natal, les compatriotes de M. X... avaient voulu lui montrer leur estime en allant nombreux à sa rencontre, afin de féliciter l'enfant si dévouée et si heureuse dans la démarche salutaire qui sauva son père du danger. La population était toute heureuse de posséder de nouveau cette chère famille, la providence de l'endroit. Et cette occasion leur permit de rendre leur joie bien apparente en accentuant les témoignages de sympathie à l'égard des pauvres éprouvés. La petite Marie, depuis son arrivée, poursuivait activement trois projets principaux : le premier consistait à installer au plus tôt ses parents ; le second devait être effectué à l'église pour ses actions de grâce ; le troisième devait servir à son instruction en lui permettant son entrée au pensionnat.

Quelques jours suffirent à la vigilance de Marie pour

que sa maison paternelle eut repris le cachet d'autrefois. Le commerce de son père avait également repris sa marche dans les affaires ; tout en un mot paraissait assurer définitivement une sécurité profitable tant au spirituel qu'au temporel. On pouvait dès lors vaquer plus aisément aux exercices de piété sur lesquels étaient assises les fondations de la famille. Le moment était propice pour remercier Dieu.

La petite Marie se chargea à cet effet des diverses démarches, et elle commença par aller prier M. le Curé de dire une neuvaine de messes dont la première serait solennellement célébrée. Tous les habitants de l'endroit ne manquèrent pas le lendemain de répondre à l'invitation de Marie, en se trouvant à l'église. Le service divin fut bien touchant et le recueillement des assistants était propre à édifier. La petite Marie inspirait alors par sa tenue et par sa modestie les sentiments de la plus vive componction. Il était facile de comprendre à cette heure que les souvenirs devaient se présenter à sa mémoire. Cette église dans laquelle elle avait essayé ses premiers pas et où elle avait fait de ses premières paroles une prière, lui disait assez éloquemment que Dieu seul suffit pour surmonter tous les obstacles et toutes les entraves dont l'homme est assailli.

L'âme dans ces moments de la vie est si admirablement élevée au-dessus de la condition du corps que vous diriez qu'elle approche plus de Dieu qui l'a créée que du corps auquel il l'a attachée. A vrai dire, il n'y a qu'elle seule, de toutes les créatures qui sont dans ce bas monde, en laquelle on peut remarquer quelques traits des perfections de Dieu ; elle est spirituelle comme Dieu, incorruptible et éternelle comme Dieu ; elle est libre, elle a une volonté dont elle dispose ; ne semble-t-il pas qu'elle jouisse des privilèges de l'éternité lorsqu'elle anticipe sur le futur, qu'elle fait revivre le passé et qu'elle dispose du présent ? Mais jamais elle ne semble plus semblable à Dieu que lorsque, s'élevant au-dessus de tout ce qui est créé, elle va se perdre dans le vaste abîme de ses perfections infinies et que, voyant qu'elle ne les peut comprendre, elle les admire, les adore et consent d'y demeurer perdue pour jamais. Enfin, cette âme est quelque chose de si grand, de si admirable, qu'elle ne se connait pas elle-même, et St-Augustin s'écrie là-dessus, comme ravi hors de lui-même : « Je ne sais pas ce que vous m'avez donné, ô mon Dieu, mon créateur, en me donnant une âme de cette nature, c'est un prodige que vous seul connaissez, personne ne le peut comprendre, et si je pouvais le concevoir, je verrais clairement qu'après vous, il n'y a rien de plus grand que mon âme. »

O Dieu d'amour, à quel ravissement nous emporterait cette vérité, si elle nous entrait bien dans l'esprit et si nous la pouvions comprendre ! Qu'est-ce qui ne dirait pas alors avec saint Bernard : « O mon âme, qui a la gloire de porter l'image de Dieu ; ô mon âme qui a reçu ce très grand honneur d'être un esprit de son esprit, d'être un soupir de son cœur, tout plein de bonté ; toi ! aimes donc ce Dieu de bonté qui t'a tant aimée, aime uniquement, aime ardemment et te consume dans la flamme de son divin amour. » Voilà l'esquisse de l'état de l'âme de la pauvre Marie, agenouillée sur les parvis sacrés du temple, qu'elle arrose de ses larmes, protestant ainsi de son amour et de sa reconnaissance au Dieu qu'elle n'abandonnera jamais.

Combien peu soucieux sont les hommes de nos jours pour les soins de leur âme et si les tristesses de la vie sont plus amères pour eux, c'est parce qu'ils ne veulent pas comprendre les desseins de Dieu, qui frappe encore à la porte de leur cœur pour les rappeler à lui. L'homme, malgré tout, reste subordonné à l'Être suprême, et les quelques paroles du poète suffisent pour lui expliquer sa destinée : l'homme animal empêche qu'il soit un Dieu, l'homme raisonnable empêche qu'il soit un singe.

Mais reprenons notre récit, car le service divin était déjà terminé, et, la petite Marie, voulait comme couronnement final de son action de grâce, réciter à haute voix un acte de consécration et de remerciement au Sacré-Cœur de Jésus. Aussitôt après la cérémonie, tous les invités se rendirent à la maison de M. X. pour lui assurer l'estime générale de tous ses concitoyens, et le désir qu'ils avaient de le posséder longtemps. La petite Marie profita alors de la tranquilité pour dire à son père le désir qu'elle avait d'aller au plus tôt à la pension. Sur les légitimes instances de sa fille, M. X. fit les démarches nécessaires pour trouver un couvent à leur convenance. L'issue fut favorable et rapide au contentement de Marie ; toutefois, on décida que le départ n'aurait lieu que dans huit jours, afin de la garder un peu plus.

La petite enfant profitait ses loisirs en confectionnant des devants.d'autel pour sa petite chapelle, elle tressait aussi des couronnes pour la vierge. Ses conversations roulaient toujours sur des sujets pieux; depuis ses épreuves, elle avait un amour particulier pour les malheureux et pour les pauvres. Un jour, elle se prit à dire tout à coup : « Il y a tant de misères à soulager, tant de douleurs à consoler, tant d'âmes que la moindre goutte de compassion et d'amitié relèverait et ferait refleurir...... le monde est si plein d'occasions de travail et de vertu, la divine charité cherche partout avec une si touchante sollicitude des auxiliaires énergiques et compatissants....... Et nous avons le cœur de nous ennuyer ! Vraiment c'est une pitié. »

Les réflexions si touchantes de cette enfant si précoce étonnaient tous ses amis.

Sa principale occupation consistait cependant à demander à Dieu de pouvoir bien profiter des leçons que l'on allait lui donner et des sacrifices que s'imposeraient ses parents.

Plusieurs fois, elle avait été employée à l'église pour y faire un solo parmi les demoiselles du chant.

Sa voix claire et harmonieuse plaisait tellement aux assistants, qu'ils ne cessaient d'engager M. le curé de l'employer souvent ainsi, pour l'édification de la paroisse. De son recueil de cantiques, elle en avait choisi un, consacré à la Sainte Vierge, en le reproduisant du reste, nous en laisserons l'appréciation et ceux qui sauront le lire devront juger le bon goût de la chère enfant.

A LA VIRGEN SANTISIMA

Dulcisima Virgen,
Del cielo delicia,
La flor que te ofrezco,
Recibe propicia,

Los valles alegra
Bénéfico rayo
Del sol que engalana
Los flores de Mayo.
Jazmin, azucena,
Claveles galanos,
De ofrenda servidme,
Venid à mis manos.
Mostrad hoy à gala
Mayor lozania ;
Qu va à récibiros
La Virgen Maria.

Voilà comment cette enfant privilégiée employait sérieusement les quelques jours que ses parents réclamaient pour l'amour de celle qui était la cause de leur consolation et qu'ils n'auraient jamais voulu voir partir. Et cependant l'avenir de leur fille réclamait impérieusement ce sacrifice réellement coûteux à leur tendresse.. Le jour de sa rentrée au pensionnat était enfin arrivé pour la petite Marie, elle le voyait avec bonheur, car elle l'avait ardemment désiré.

Tout était déjà préparé pour le départ. La petite Marie promit alors que l'éloignement n'enlèverait rien à son cœur de cet attachement ardent qu'elle avait pour son père et sa tendre mère, et qu'elle ne manquerait pas d'écrire assez souvent pour les consoler. Tandis que Marie montrait toujours des aptitudes pour son instruction, les parents calmèrent leur douleur et l'accompagnèrent résolument au couvent.

CHAPITRE VIII

—

Education de Marie

Arrivée au couvent, Marie fut accueillie par les religieuses avec une bienveillance toute maternelle, car, comme on peut le présumer, elles connaissaient déjà le trait d'héroïsme qui caractérisait avec tant de mérite leur nouvelle élève.

En effet, cet exploit avait parcouru déjà toutes les contrées de l'Espagne et ne cessait pas pour cela de provoquer toujours le plus grand enthousiasme en faveur de la petite Marie. Les religieuses reconnurent vite à l'extérieur de la modeste enfant, les qualités précoces d'intelligence et de vertu qu'elle apportait dans leur maison.

Les parents de Marie, consolés déjà par le contentement apparent de leur fille, se retirèrent alors tout émus, se proposant toutefois de la visiter souvent. Le premier pas était fait et la nouvelle écolière était mise au contact de ses compagnes. Notre enfant, contrairement à beaucoup d'enfants de son âge, n'apportait pas au pensionnat un esprit d'insouciance et de laisser aller, qui paralyse d'avance toutes les dispositions à l'étude.

Elle était fermement résolue à voir dans le règlement de la maison les volontés de Dieu, manifestées par celles qui ont mission de le représenter et qui ne veulent que le bien des âmes qui leur sont confiées. D'autre part, la petite Marie avait pris la résolution énergique de ne point se familiariser avec les élèves, tout en les aimant d'un amour dévoué et les respectant sans ostentation. C'était d'après elle le moyen de conserver une dignité propre à entretenir tous les élans qu'elle apportait à son perfectionnement moral et physique. Le règlement général, elle l'avait écrit dans son cœur, et il fallait à tout prix que la petite Marie tint son engagement. Voilà les débuts d'une âme généreuse et résolue ; ils ne sauraient être nuisibles à son avancement. Du reste, nous allons voir dans la suite si la petite Marie a fait mentir ses résolutions. Et maintenant, disons quel était le but que se proposaient les religieuses dans l'enseignement scolaire. M. Rollin l'a défini dans trois mots : religion, mœurs, science. A quoi doit servir la religion dans les études ?

La réponse est certainement facile. On apprend avant tout par la religion, à l'homme, que soumettre toutes les actions de la vie à Dieu, le créateur de toutes choses, c'est le reconnaître comme Dieu et comme maître et que par conséquent tous nos devoirs sont renfermés dans ces mots qui expliquent en même temps tous les événements humains.

Dieu est le maître; donc nous lui devons une complète soumission et une entière obéissance. Comme les ouvriers de l'Evangile, nous devons travailler à la vigne du Seigneur, c'est-à-dire à faire sa volonté et à sanctifier notre âme, et ensuite celle du prochain dans toute l'étendue de nos forces.

Dieu est le maître; donc, cette vie si courte qu'il nous accorde, lui appartient; compte nous sera demandé par lui de l'emploi du temps. Il condamne l'oisiveté, il nous appelle tous au travail, et nous devons répondre à cet appel.

Dieu est un maître infiniment juste et sage; nous l'offensons donc quand nous nous plaignons de notre pauvreté, de nos maladies, de l'inégalité des conditions, quand nons envions avec amertume le sort de ceux qui nous paraissent plus heureux ; en premier lieu nous oublions ce proverbe : nul ne connaît le poids du fardeau d'autrui. Il n'est que trop vrai que le bonheur apparent de quelques-uns est souvent empoisonné par des causes qui nous sont inconnues.

Celui-là même qui se dit malheureux ne l'est-il pas par sa faute, par son orgueil et par ses passions ? Il y a plus, ces peines dont nous souffrons ne sont-elles pas un moyen dont Dieu se sert pour nous faire expier nos péchés ? Donc, au lieu de murmurer quand quelque événement qui se produit nous irrite, disons bien haut, disons surtout du fond de notre cœur : Dieu est le maitre; si nous ne concevons pas pourquoi les événements ont suivi tel ou tel cours, c'est parce-que, ici-bas, notre vue est bornée.

Dieu est un maître infiniment généreux; il ne nous demande qu'un bien faible travail, et il nous promet une grande et éternelle récompense. L'évangile se termine par ces mots : les derniers seront les premiers et les premiers seront les derniers.

Les apôtres étaient bateliers, ils s'élèvent par la pauvreté et l'humilité au-dessus des Scribes et des

Pharisiens. La sainteté l'emporte sur la puissance et sur la richesse.

Voyez encore dans l'Evangile les ouvriers de la dernière heure récompensés par le maître. Sans doute une vie entièrement chrétienne est précieuse aux yeux de Dieu, mais il ne repousse cependant pas le repentir final, et sa miséricordieuse bonté l'accueille avec indulgence. C'est donc par la religion que l'enfant apprend à respecter ses parents et ses semblables. C'est encore la religion qui lui défendra de prendre ce qui ne lui appartient pas, et qui, dans la souffrance, lui apportera des consolations qui ne sont pas du ressort de l'homme et que nulle philosophie humaine n'a pu trouver encore.

Supprimez la religion et bientôt les esprits seront dans la discorde et l'extravagance.

La seconde qualité d'un bon enseignement consiste dans la formation sévère des mœurs des élèves.

Trois éléments sont nécessaires pour constituer la vertu.

1° L'intelligence. Nous entendons par ce mot, non ce que le monde appelle esprit, science, mais cette intelligence qui est un don du Saint-Esprit accordé à la prière, qui comprend où est le bien, en quoi consiste le devoir et se rend compte du chemin qui doit être suivi.

2° La volonté, qui entre résolument dans ce chemin; qui surmonte les obstacles, et qui met en pratique ce que l'intelligence a compris.

3° Le désir de se perfectionner.

Saint François de Sales expose ce précepte par une comparaison : Il y a des volatiles qui restent habituellement sur le sol, ne le quittent un instant que pour retomber lourdement; d'autres, comme l'hirondelle, rasent aussi la terre, mais peuvent d'une aile agile s'élever dans les airs sans monter très haut. L'aigle semble vouloir et pouvoir atteindre les régions supérieures, son œil fixe le soleil.

C'est ainsi qu'il y a dans la vertu divers degrés. Nous devons tous aspirer à cette sainteté, en proportion de notre état, si nous voulons arriver au ciel.

Voilà la seconde qualité d'un bon enseignement, car la religion et les bonnes mœurs concourent à la paix et à la tranquillité d'une nation, soucieuse de son bien-être, et les sciences ne reposent jamais plus sûrement que sur de telles assises. A ce propos, M. Rollin dit que le but principal des maîtres, est de former l'esprit et le cœur des élèves, de mettre leur innocence à couvert, de leur inspirer des principes d'honneur et de probité : de leur faire prendre de bonnes habitudes; de corriger et de vaincre en eux, par des voies douces, les mauvaises inclinations qu'on y remarque, telles que : la fierté, l'insolence, l'estime de soi-même, un sot orgueil toujours occupé à rabaisser les autres, un amour-propre aveugle et uniquement attentif à ses commodités, un esprit de raillerie qui se plait à piquer et à insulter, une paresse et une insolence qui rendent inutiles toutes les bonnes qualités de l'esprit. C'est à cette école que devait être formée la petite Marie, qui se trouvait toute heureuse de sa situation et de son petit bonheur. Elle s'efforça donc de bonne heure à répondre aux soins diligents dont elle était l'objet, en profitant de la direction si intelligente de ses maîtresses.

Dès lors, elle apporta une grande attention aux leçons des classes ; elle devint fort prévenante à l'égard de ses compagnes et recueillie dans tous ses exercices. Bientôt aussi, on l'appela le petit ange, et ce qualificatif la fit aimer davantage. Toutes ces qualités avaient eu cependant leur témoignage de valeur ; car dans son instruction, Marie avait presque toujours eu la première place dans les diverses compositions, et son bulletin mensuel ne contenait que de très bonnes notes. A cause de la rapidité de ses progrès, on la fit avancer d'une classe dans la même année scolaire. Le goût particulier de la petite Marie s'était prononcé pour la littérature, sans préjudicier pourtant à l'histoire, à la géographie ou bien aux mathématiques. Le fait est que, quoique jeune encore, les religieuses l'occupèrent quelquefois à rédiger un petit compliment de bienvenue servant à un visiteur de qualité. Tous ces exercices la captivaient, elle s'y mettait corps et âme pour en obtenir de bons résultats.

Ses intentions sérieuses d'apprendre la rapprochaient souvent des bonnes religieuses qu'elle interrogeait sur les matières dont elle ignorait les détails, et afin de les cultiver sérieusement, plusieurs fois elle avait passé la nuit à la salle d'étude. Les religieuses s'en étant aperçues, la reprirent sérieusement et ce motif fut suffisant pour qu'elle n'agît plus au détriment de sa santé. Cependant, on la surprit une autre fois, pendant la nuit, couchée sur le plancher avec un *fort cilice* autour de ses reins. On l'avertit de nouveau de ne plus agir de la sorte, car de telles austérités étaient au-dessus de son âge et de ses forces ; et pour donner plus d'autorité à ces avertissements, on fit intervenir M. l'aumônier de la maison pour lui défendre absolument de s'imposer n'importe quelle pénitence que ce soit, sans qu'au préalable elle en ait obtenu la permission.

Circonscrite de toute part, force fut à la petite Marie d'accepter ces défenses comme des épreuves méritoires; et dès lors elle s'efforça de devenir plus parfaite dans les vertus de chaque jour, en attendant l'époque qui lui permettrait de donner suite à ce genre de mortifications qu'elle s'imposait pour l'amour de Dieu. Depuis, son attention se porta à éviter le mensonge, et à n'importe quel prix elle n'aurait consenti à mentir. Elle remplaça ses souffrances volontaires par la récitation quotidienne du petit office de la Sainte-Vierge, puis le vendredi elle faisait le Chemin de la Croix avec beaucoup de piété et de sentiment. Cette petite enfant devint un petit prodige d'admiration, à cause du soin et de l'attention qui présidaient à tous ses actes. M. l'aumônier se plaisait à la questionner souvent sur le catéchisme et l'Histoire sainte qu'elle apprenait avec une intelligence rare. Ses réponses étaient justes et témoignaient une foi ardente dans la véracité de ses récits.

En classe, c'était toujours elle qui répondait aux difficultés qui pouvaient surgir, et par la facilité de son intelligence, elle étonnait de plus en plus son professeur et ses compagnes qui savaient profiter de la bonté de leur amie dans toutes les occasions.

Lorsqu'une pensionnaire avait quelque ennui, c'était la petite Marie qu'on allait trouver, et bientôt, à son contact, le calme et la placidité succédaient à l'épouvante. Que de fois elle a exercé ces charitables consolations auprès de ses compagnes qui étaient au nombre de huit cents dans le pensionnat. Mais, en retour, toutes les élèves la considéraient non pas seulement comme une consolatrice et une amie, mais elles la respectaient à cause de sa piété et de sa science. Il était d'usage dans son couvent de faire travailler les élèves deux heures de temps dans la matinée du jeudi, et ce travail consistait à faire des ouvrages pour les pauvres. Marie les aimait tant, qu'elle achevait vigoureusement sa besogne, afin de satisfaire au plus tôt le plus de malheureux possible. Faut-il aussi ne pas laisser passer inaperçu le soin et la diligence qu'elle apportait à la broderie ? Bien que débutante, son ouvrage faisait prévoir qu'elle tiendrait bientôt le niveau des autres élèves. La petite Marie apprenait aussi à jouer du piano, afin que son éducation fut complète ; tous ses efforts tendaient à ce but. Au lieu de laisser folâtrer son esprit dans ses moments de liberté, la petite Marie les utilisait en repassant dans sa mémoire les leçons de la journée. Bien que les occupations continuelles de la journée fussent de nature à laisser ordinairement peu de temps libre à la petite Marie, la part de Dieu ne restait pas arriérée, car avant ses récréations elle allait prier à la chapelle et bien souvent elle y restait toute la durée de la récréation. Lorsqu'elle prenait parfois ce délassement, ce n'était alors que pour le bien de ses compagnes ; mais elle ne se laissait jamais aller à des jeux de mains ou autres semblables, ce qui ne convenait pas à son jugement très précoce.

Parlons maintenant de ses succès classiques, bien faits ce semble pour exciter l'envie de ses compagnes, ils produisaient eux-mêmes un résultat tout différent. Elle était si humble dans la victoire, qu'elle se faisait la plus humble de toutes, comme si elle était en effet la moins méritante de ses compagnes.

On disait à ce propos qu'elle semblait vivre dans l'oubli le plus absolu d'elle-même et comme si elle eût été étrangère à ses mérites personnels. C'est ainsi qu'au lieu d'être un sujet de jalousie, elle était un sujet d'admiration, au contraire, pour les témoins de ses agissements, aussi purs et aussi vrais que ceux des esprits célestes.

La petite Marie n'avait pas encore manqué au règlement du pensionnat, et tous ses examens avaient été pleins de succès et de mérites pour elle qui les reportait toujours à Dieu.

On aura beau faire et beau dire, les faits donneront toujours un démenti aux hommes niant que l'esprit de vérité que nous enseigne la religion, n'est pas pour l'âme une source de lumière.

Au reste, qui ne voit pleinement aujourd'hui que plus on crie: *lumière! lumière!* et plus ce sont des ténèbres, à mesure que vous éteignez davantage dans l'âme de la jeunesse le flambeau de la foi.

Comparez pour vous convaincre de la valeur que donne un enseignement religieux avec celui qui a été élevé dans ce principe qui a toujours exclu Dieu de l'enseignement. Dans le premier cas, vous vous trouverez en présence d'un enfant ou d'un homme qui possèdera, avec les connaissances scientifiques, un esprit tranquille, gai, gouvernant ses passions et n'apportant dans ses conversations que des consolations. Dans le dernier cas, que de folies et de déceptions!

Les parents étaient venus plusieurs fois dans l'année visiter leur fille. Quelle déférence de la part de Marie à l'égard de son père et de sa mère! Que de félicitations ne reçurent-ils pas à cause de leur enfant, et combien dans ces moments ils étaient reconnaissants à Dieu de la consolation qu'ils avaient dans la petite Marie. La conversation qu'elle tenait avec ses parents était empreinte d'une délicatesse de sentiments qui dénotait chez elle une grandeur d'âme peu commune. Pas de pensées triviales, pas de surexcitation dans les gestes, mais possédant toujours la bienveillance et le bon accueil dans une placidité plus en harmonie avec les convenances. Dès que la cloche annonçait la fin de la récréation, la petite enfant embrassait aussitôt ses parents, en leur rappelant que le sacrifice était cher à son cœur, mais cependant qu'il fallait l'accomplir pour en obtenir le bon résultat qu'elle convoitait depuis longtemps.

L'année scolaire touchait à sa fin et la petite Marie avait eu de très bons résultats dans tous ses examens. Il est facile de reconnaître qu'avec l'amour du travail qu'elle eut dans sa première année d'école, elle obtint les premiers prix de sa classe.

Des applaudissements suivirent la nomination de son nom, et tout le monde se plaisait à parler de cette enfant à cause de ses mérites. La petite Marie partit après avec ses parents pour utiliser ses premières vacances.

CHAPITRE IX

—

Un Religieux bienfaiteur

Marie assistait un dimanche à une messe chantée à la chapelle du couvent des R. P. Escolapios. Or, elle remarqua parmi tous les religieux de chœur un père qui paraissait avancé en âge, mais dénotant par sa tenue une grande piété à laquelle se joignait sûrement une grande expérience.

La résolution d'aller trouver ce saint religieux fut vite prise par Marie, car ce devait être dans l'avenir son guide et son tuteur. Le mérite de ce prêtre ne fut pas inférieur au jugement qu'en avait porté la naïve enfant ; le père Joseph était en effet le supérieur du grand séminaire et jouissait de l'estime et de la vénération de tous ceux qui le connaissaient. Il eut vite apprécié celle qui le choisissait désormais pour guider ses efforts vers le bien, et lui-même ne manqua pas d'y apporter toute son attention et tous ses soins.

Chaque fois qu'il était content de Marie, il lui en exprimait sa joie par un petit cadeau ; c'est ainsi qu'elle reçut d'abord une précieuse relique du bois de la vraie croix, puis une petite croix en or, un chapelet chaîné aussi en or. Qui pourrait encore énumérer tous les bienfaits de ce saint religieux ?

Comme témoignage de reconnaissance, Marie lui broda un petit ornement pour le calice. Ce sentiment de piété filiale plut beaucoup au supérieur et, dès ce jour, il suivit de plus près les soins qu'exigeait la santé de la pieuse enfant. Il s'informa alors à la pension des choses qui pouvaient lui être utiles, et aussitôt il voulut y pourvoir. Sous une direction aussi habile qu'intelligente, la petite Marie croissait en âge et en sagesse, donnant l'exemple des vertus chrétiennes à tous ceux qui la connaissaient.

CHAPITRE X

La Première Communion

La petite Marie devait employer le temps de sa seconde année scolaire à se préparer au grand acte de sa première communion ; elle se réjouissait vivement de cet insigne bonheur qu'elle avait tant désiré et qui devait enfin s'accomplir sous peu pour elle. Dès lors, toute sa piété se porta vers l'auguste sacrement de nos autels et pour le saint sacrifice de la messe qui est le résumé le plus vivace de la bonté de Dieu à notre égard. Et c'est dans le sacrifice le plus auguste de la religion catholique que la pieuse enfant apprit à bien connaître l'amour de Dieu pour sa créature. Qu'il nous suffise, pour tout développement, de citer le passage sublime d'un homme protestant à propos de la messe:

— « L'ordonnance de la messe, dit-il, tous les liturgistes sont d'accord là-dessus, est admirable, grandiose, profonde, tendre et pleine d'onction. Elle fait passer d'une manière spirituelle les parties constitutives de l'œuvre de la rédemption devant les yeux et les oreilles des fidèles. — Unit les plaintes touchantes du *Kyrie eleison* au plus aimable et au plus doux des cantiques, le *Gloria in excelsis ;* — fait sortir de l'harmonieuse jonction de l'épitre avec l'évangile le son clair du

Credo ; — à l'offertoire, offre humblement à Dieu les prières de la communauté et la communauté elle-même; dans la préface transporte le cœur dans la contemplation de l'incarnation de Dieu dans le Christ, et la réconciliation de l'humanité par la croix du Fils de Dieu.

« La communauté plie respectueusement le genou devant la majesté du Dieu et Sauveur invisible, qui est présent sous le signe visible, et elle s'annihile dans un profond silence aux paroles : ceci est mon corps, ceci est mon sang, pendant que les clochettes d'Aaron annonçent aux fidèles que le prêtre de Dieu est entré dans le Saint des Saints, — il les invite à le suivre en esprit, — il consomme avec faim et soif le corps et le sang qui donnent la vie au monde, remercie au *Benedictus*, de ses lèvres joyeuses, la salutaire entrée du Seigneur, et à l'*Ite missa est*, se retire le regard fixé sur la mort du Sauveur.

« On peut dire que l'Eglise catholique a employé à sa messe tout ce qu'il a de magnifique sur la terre. Eclat de lumières, rayonnement d'or, magnificence de couleurs, arômes et tout ce qui tinte et résonne dans la plénitude de ce qu'il y a de plus haut et de meilleur, ce que peut la voix humaine, le chant, les cymbales et les harpes, elle en a décoré la solennité du sacrifice et moissonné aussi de ce chef la reconnaissance des nations. »

Voilà ce qu'a écrit le protestant Leckler dans une dissertation concernant le sacrifice de la messe et cette justice de sentiments exprimée par un homme dont les doctrines s'opposent si obstinément à celles du vrai Dieu, est bien de nature à nous faire comprendre combien la petite Marie y trouvait de consolations. La petite enfant avait écrit pendant ses vacances un petit agenda de cœur qu'elle devait consulter de temps en temps ; semblable en cela au nautonnier qui, au moment du danger, s'inspire des observations écrites par ses prédécesseurs, expérimentés par la pratique. Or, la petite Marie avait d'abord écrit ses résolutions concernant la piété, et puis sa conduite pour le travail intellectuel et dès sa rentrée au pensionnat, elle se mettait sérieusement à pratiquer son réglement.

Déjà, comme au couvent, ses maîtresses et ses commensales s'attendaient de sa part à un épanouissement, plus complet encore que par le passé, de cette bonté et de cette douceur qui avaient attiré vers elle les cœurs les plus aigres. Tout en observant une profonde humilité, les qualités de la petite enfant se montraient et les prévisions ne furent pas déçues. On ne pouvait pas ne pas constater en effet que la petite Marie allait très-souvent à la chapelle, que pendant les saints offices elle était d'une ferveur et d'une tenue exemplaire qu'elle était prévenante à l'égard de toutes les élèves et qu'enfin elle supportait patiemment les contrariétés qui surviennent souvent comme épreuves de la vie.

Elle avait apporté dans sa première année,au pensionnat, des vertus précoces, acquises au foyer paternel, et ce qui étonnait davantage, c'était les soins qu'elle apportait à les faire croître. Demandez au monde des plaisirs si jamais ils ont pu donner de tels exemples de désintéressement. Quelle belle philosophie que celle que donne la religion catholique, résumé pratique pour la tranquillité des nations, la paix de la famille l'honneur de la vertu, la bonne éducation des enfants, tout y est résumé dans ces phrases du Jurisconsulte par excellence : Aimez Dieu et supportez votre prochain. Les impies eux-mêmes sont obligés, lorsqu'ils veulent bien raisonner, de déclarer qu'il n'y a que la religion de Jésus-Christ qui est capable d'inspirer des sacrifices purement volontaires, et de faire d'une chétive créature, soumise pendant sa vie aux tracasseries de l'esprit infernal, d'en faire, dis-je, un ange triomphant par la grâce de Dieu, des obsessions que lui suggère le démon.

Attentive à tous ses exercices de piété, la petite Marie ne l'était pas moins pour ses devoirs classiques, qui ne perdaient pas d'attrait pour l'élève studieuse, et Dieu la bénissant, les progrès de la petite Marie s'accusaient toujours fort sensiblement. Malgré les diverses épreuves par lesquelles les parents de Marie avaient passé, la foi et la confiance en Dieu ne s'étaient point altérées dans leur cœur : aussi bien Dieu ne les abandonna pas. Elevée dans de semblables sentiments la petite Marie employait les jours de son enfance à s'habituer à être maitresse de ses sens, sachant qu'en général l'homme reste dans sa vieillesse ce qu'il a été dans sa jeunesse.

Ah ! mon fils, dit à ce propos le Seigneur, « souviens-toi de ton créateur aux jours de ta jeunesse. » Marie avait compris que la meilleure consolation se trouvait en Dieu et dès ses jeunes ans, elle préludait d'avance au bonheur que donne l'exemption des embarras du monde et notre Seigneur confirme du reste cette vérité lorsqu'il appelle bienheureux l'homme qui a commencé dès l'adolescence à observer ses commandements.

Qu'il nous soit permis pour faire connaître l'état d'une âme pure et liée à Dieu, de citer ce qui arriva au célèbre Thaulère, prédicateur renommé de son époque. Thaulère nous rapporte lui-même qu'un jour, en se promenant dans la campagne, il rencontra par hasard un berger avec lequel il eut la conversation suivante, qui nous prouve bien aussi qu'il n'y a de vrai bonheur que pour les âmes qui sont bien avec Dieu :

THAULÈRE parle au berger. — Mon ami, je vous souhaite le bon jour.

LE BERGER. — Je vous remercie, mais je n'en ai jamais eu de mauvais.

THAULÈRE. — Comment, mon ami, vous n'avez jamais eu aucun mauvais jour, et votre état vous donne tant à souffrir ?

LE BERGER. — Rien, grâce au ciel, n'a troublé la paix de mon âme jusqu'à présent.

THAULÈRE. — Comment entendez-vous cela ?

LE BERGER. — Je me dis à moi-même : le bon Dieu règle tout en ce monde, il ne veut que notre bien ; je regarde sa volonté et je m'y conforme en tout, la consolation que j'ai de faire sa sainte volonté me rend véritablement heureux.

THAULÈRE. — Vous avez raison, mais si Dieu voulait vous précipiter en enfer.

LE BERGER.— Ah ! je le serrerais si étroitement, qu'il faudrait qu'il vînt avec moi et alors je serais en paradis.

THAULÈRE. — Mais qui êtes vous mon cher ami ?

LE BERGER. — Je suis roi.

THAULÈRE. — Et où est votre royaume ?

LE BERGER. — Il est dans mon cœur.

Thaulère. — Qu'est-ce que régner ?

Le Berger. — C'est dominer ses sujets.

Thaulère. — Et quels sont vos sujets ?

Le Berger. — Ce sont mes passions ; je tâche de les assujétir toutes à la loi de Dieu.

Thaulère. — Ah ! mon ami, vous êtes heureux.

Le Berger. — Chacun peut commencer à l'être en ce monde et nous le serons parfaitement en l'autre.

Sera-t-on étonné après un tel langage de trouver des hommes réellement heureux même au sein des plus cruelles adversités, lorsque ces hommes ne vivent plus que selon les ordonnances divines qui seules positivement nous rendent heureux. Que de témoignages éclatants de cet amour de Dieu ne trouvons-nous pas à l'origine de notre religion, et la petite Marie ne continue-t-elle pas ces exemples si salutaires et si consolants pour les âmes soucieuses.

Marie, pendant cette année de sa première communion, travaillait vigoureusement à sa formation complète avec cet esprit précoce qu'elle avait reçu à sa naissance, et toutes les personnes qui la voyaient déclaraient que son caractère saurait s'accommoder avec tout le monde. Au catéchisme comme en classe, la délicatesse de son intelligence dominait toujours la vanité qu'elle aurait pu retirer de ses succès, et par un effet contraire aux sentiments ordinaires, elle s'efforçait d'encourager et d'applaudir ses compagnes moins intelligentes qu'elle. Bien souvent on la voyait pendant les récréations expliquer et apprendre les leçons de catéchisme aux élèves qui avaient eu de la peine à ce sujet. Comme conclusion, elle terminait ordinairement ces entretiens en exhortant ses amies à ne point lire de mauvais livres. Elle leur rappelait ce que M. l'Aumônier leur avait dit de Saint-Paul, prêchant aux chrétiens d'Ephèse sur le pernicieux effet des mauvaises lectures. Tous se hâtèrent alors de porter tous les mauvais livres sur la place publique, puis ils furent livrés aux flammes.

D'autres fois, elle leur expliquait la dévotion que l'on doit avoir pour la Très Sainte-Vierge si aimée en Espagne. Voilà comment la petite Marie avançait chaque jour vers sa première communion, en s'y préparant d'avance par la pratique des vertus qu'exige une si sainte action. Parmi toutes ses compagnes, il était facile de constater sa supériorité à cause du reflet d'intelligence que dénotaient ses yeux et de la grâce élégante et modeste de sa démarche. Exemplaire dans sa conduite et dans sa bonté, la petite enfant l'était encore dans ses travaux. Elle avait fait le résumé de toutes les explications données au catéchisme ; son cahier avait déjà passé à l'appréciation de la communauté, et personne n'y put relever pour toute critique que cet aveu favorable à l'auteur : ce résumé est plein de piété et plein de foi. La petite Marie ayant été admise à la première communion, après un brillant examen et étude faite des bonnes dispositions qu'elle y apportait, elle écrivit aussitôt à ses parents la bonne nouvelle. Qu'il nous soit permis de montrer par sa missive les sentiments de joie dont débordait son cœur :

Mes chers Parents,

Je suis toute heureuse de vous annoncer que je viens d'être définitivement admise à faire ma première communion. Personne ne pourrait mieux comprendre que vous combien j'avais à cœur d'arriver à ce beau jour, le plus consolant pour mon âme. Aussi, me suis-je empressée de vous faire partager ma joie en épanchant mon cœur sur le vôtre qui m'a tant montré d'amour et d'estime et qui surtout m'a enseigné la bonne voie dans laquelle je trouve mes plus chères délices.

Je vais faire sérieusement ma retraite et ma confession en suppliant la Très Sainte-Vierge de m'assister de sa maternelle protection, et j'espère que vous prierez pour moi. Je me propose de demander à Dieu deux grâces principales au grand jour de ma première communion : d'abord, que je vous aie longtemps à mon amour et puis de bien connaître la vocation à laquelle le bon Dieu voudra bien m'appeler. Joignez-vous à moi dans vos prières et croyez-moi toujours votre enfant dévouée.

On peut par la lecture de cette lettre comprendre combien la petite Marie connaissait à fond, par un jugement précoce, la philosophie que devrait connaître toute personne pour bien vivre. Tout le secret de la vie chrétienne, on le sait, est de connaître Dieu et se connaître soi-même.

Cette double connaissance est si précieuse que Saint Augustin ne se lassait pas de la demander à Dieu, en lui disant : « Seigneur, que je vous connaisse. »

Les païens eux-mêmes avaient bien compris les avantages de cette science si importante, et pour la conduite de cette vie et pour le bonheur de l'autre, et sur le frontispice du temple le plus célèbre de la Grèce, ils avaient inscrit ces mots comme le résumé de toute la science humaine : « Connais-toi toi-même.» Mais cette connaissance bien souvent est aussi rare qu'elle est nécessaire. Emportés par les distractions de notre esprit ou par les passions de notre cœur, nous fuyons Dieu, pour ainsi dire, et nous nous fuyons nous-même.

Par un effet de la grâce divine, la petite Marie s'était toujours appliquée à bien connaître Dieu et à corriger ses défauts par la connaissance de son naturel. On peut dire sans crainte que les années qui précédèrent sa première communion furent une préparation continuelle à ce grand acte. Aussi, combien d'ennuis a-t-elle évités et combien sa valeur a été reconnue partout !

Si bon nombre de personnes ne jouissent plus de cette tranquillité et de cette assurance qui font le bonheur de celle dont nous essayons d'esquisser la vie, c'est que l'on ne médite plus ou presque plus.

La méditation est particulièrement nécessaire à la femme, parce qu'étant douée d'une imagination plus vive et d'un cœur plus tendre, elle est plus exposée aux illusions.

Environnée d'ailleurs des séductions du monde, respirant à chaque instant cette atmosphère viciée de la flatterie et des louanges, entourée d'hommes qui cherchent à la tromper et sur elle-même et sur leurs propres intentions ; distraite par une multitude de soins qui dissipent son âme, perdue dans un détail pénible et fatiguant de petites choses et de petits intérêts, comment résistera-t-elle à l'action réunie de toutes ces causes, si elle ne prend la salutaire habitude de rentrer souvent en elle-même par la méditation et de se retrouver dans les saints loisirs et dans le doux repos du recueillement. L'influence de cette précieuse habitude se fait sentir dans toutes les facultés de l'âme sans exception, elle donne à l'esprit de la solidité, de l'assurance au jugement, de la consistance à toutes les pensées. C'est en réfléchissant sur ce qu'on sent en soi et sur ce qu'on sent au dehors, que l'on enrichit son intelligence, et que l'on acquiert cette promptitude et cette fermeté d'esprit qui sont une ressource si précieuse dans les circonstances les plus délicates de la vie. Une femme sans réflexion est le jouet de ses impressions ou des moindres accidents qui troublent son existence. Ne voyant presque jamais les choses telles qu'elles sont, elle passe d'une illusion à l'autre, d'une erreur à une autre erreur.

Son âme, semblable à un vaisseau sans boussole, erre au gré des vents sur les flots toujours agités de sa vie inquiète et mobile. Elle croit tout, espère tout ce qu'elle désire, désire tout ce qui la flatte, ne peut se rendre un compte exact ni des pensées de son esprit, ni des mouvements de son cœur, agit sans but, sans motif, suivant uniquement le caprice de son imagination ou l'impulsion toujours changeante de ses goûts. Comment son cœur pourrait-il, au milieu de ces agitations, conserver sa sérénité ? Aussi, sa pureté s'altère bientôt. Ce qui le choquait autrefois ne fait plus aucune impression sur lui, sa fraîcheur s'efface peu à peu, et bientôt il ne lui reste plus qu'un souvenir confus de ces jours de son adolescence, où il lui suffisait pour être heureuse de descendre dans son âme où elle trouvait toujours le calme et le repos. Voulez-vous, comme la petite Marie, conserver dans leur intégrité toutes les facultés de votre âme, et préserver votre vie des caprices de votre imagination, prenez de bonne heure la sainte et douce habitude de la méditation.

Consacrez à cet exercice un temps spécial dans votre journée. Mais que votre méditation soit surtout pratique et qu'elle ait pour but principal le progrès de votre âme et l'amélioration de votre vie.

La petite Marie ne se couchait jamais sans s'être rendu un compte exact de sa journée, semblable en cela à un marchand qui, chaque soir, s'assure des pertes et des profits qu'il a faits pendant le jour, afin qu'il devienne riche par son expérience et par ses précautions.

Nous ne nous sommes point écartée de notre sujet en parlant du bienfait que rend la méditation à celle qui se la rend familière. Au moment de la première communion de la petite Marie, expliquer que dès sa plus tendre enfance on l'avait habituée à cette pratique qu'elle avait conservée, n'est-ce pas dire explicitement qu'elle apportait la meilleure des dispositions, celle qui consiste à déraciner le mal et à implanter plus fortement le bien. Ne donnons-nous pas de nos jours des louanges méritées aux personnes qui, par leur réflexion et leur économie, font honneur à leurs affaires, et ne sommes-nous pas les premiers à dire que par la réflexion et le jugement on vient à bout des affaires les plus compliquées. C'est par cette habitude de la méditation que la petite Marie avait progressé dans sa vie, et sainte Thérèse ne dit-elle pas que ceux qui méditent, ne serait-ce qu'un quart d'heure chaque jour sont assurés de leur salut. Il n'est pas besoin de dire maintenant que la petite Marie avait suivi les exercices préparatoires de la première communion avec efficacité. Sa confession avait eu les qualités requises de repentir et de ferme propos.

Le grand jour arriva enfin et Marie toute vêtue de blanc, emblême de son innocence et de sa candeur, vint s'asseoir au banquet céleste, et lorsque le prêtre tenant élevée la sainte Hostie au-dessus de la tête inclinée de la petite enfant, dit : « Voici l'agneau de Dieu qui a racheté le monde, » les yeux de la petite enfant se mouillèrent de larmes en voyant la bonté de Dieu.

La journée se passa en pieux exercices et le reste du temps était aux communiantes pour voir et causer avec leurs parents. La petite Marie parla peu ce jour là et ses parents comprenaient bien mieux de la sorte l'impression de leur chère et bien aimée enfant.

Définissons par la stance harmonieuse du poëte, l'allégresse cordiale des désirs de la petite Marie :

O temps, suspends ton vol ; et vous heures propices,
Suspendez votre cours.
Laissez-moi savourer les rapides délices
Du plus beau de mes jours.
Assez de malheureux ici-bas vous implorent ;
Coulez, coulez pour eux.
Prenez, avec leurs jours, les soins qui les dévorent ;
Oubliez les heureux.

CHAPITRE XI

—

Les premiers Succès de Marie

La première communion n'avait fait que raffermir la foi et la piété de la bonne Marie. Tous ceux qui l'approchaient étaient contraints d'admirer les qualités que possédait la douce Marie quoiqu'encore dans l'adolescence, et son jugement était aussi rassis que celui d'un vieillard. Admise comme membre de la congrégation des enfants de Marie Immaculée, elle en devint bientôt une conseillère juste et sage dans ses avis et donnant pour cela l'exemple que réclamait la confiance de la charge à laquelle on l'avait appelée. Personne, pendant les deux ans qu'elle occupa cet emploi, n'accusa les décisions du conseil, parceque le dévouement et l'estime que la bonne Marie avait voués à toutes ses compagnes imposait le silence, car celles même à qui elle devait adresser un reproche ne pouvaient s'empêcher de l'aimer.

Tel est le respect et la vénération qu'imposent les personnes dont la vie s'est écoulée dans la solitude du monde tout en pratiquant hautement les préceptes de Dieu qui résumés en un seul ne consistent que dans celui-ci : rendez le bien pour le mal.

Qu'ils sont heureux, disait souvent Marie, ceux qui ne s'asservissent pas aux exigences du monde et qui, tout en vivant solitaires et tranquilles, ont cependant quelques amis pieux et sages qui occupent les loisirs ordinaires. Elle ajoutait ensuite, le monde est comme ces objets qui, vus de loin, trompent les yeux et séduisent l'imagination, mais qui perdent tous leurs charmes dès qu'on s'en approche et qu'on les touche. Il ressemble à ces cadavres qui gardent la forme du corps humain tant qu'ils restent cachés et ensevelis dans l'obscurité du tombeau, mais qui tombent en poussière dès qu'ils sont exposés à l'air. Ceux qui en sont éloignés sans l'avoir jamais connu sont exposés à se laisser séduire par ses perfides attraits, et ceux qui, pour le connaître et acquérir le droit de le mépriser, veulent se mêler à ses fêtes et à ses plaisirs, s'exposent au danger bien plus grave encore de se laisser amollir et corrompre par ses charmes ; et c'est là tout à la fois et à l'avantage et l'inconvénient de la jeunesse. En vous éloignant du monde, vous mettez votre cœur et votre conscience à l'abri de ses séductions ; mais cet éloignement, en ne vous le montrant que de loin, expose votre esprit à des préjugés favorables pour lui et qui pourraient plus tard devenir pour vous la source de bien des erreurs et de bien des fautes. Comment éviter ce double inconvénient, puisqu'on ne peut sans danger ni se mêler au monde pour le connaître, ni ignorer les périls dont il peut être pour nous la source. Cet état serait sans issue pour une âme frivole et légère, ou pour un esprit vain et présomptueux qui, n'ayant de confiance qu'en ses propres lumières, croit ne savoir bien que ce qu'il a vu ou éprouvé, et ne compte pour rien les enseignements de la foi et de l'expérience de ceux qui l'ont précédé dans la vie.

Qu'il n'en soit pas ainsi de nous, disait Marie. Mais écoutant avec un cœur humble et soumis les enseignements de la foi, de la raison et de l'expérience, apprenons à connaître le monde et ses dangers, pendant que notre âge et notre position nous tiennent encore à l'abri de ses séductions. De toutes les lumières dont la divine Providence éclaire ici-bas notre esprit, la foi, nous le savons, est la plus assurée puisque non-seulement elle vient de Dieu, mais elle nous est encore présentée par une autorité qu'il a établie lui-même et qu'une assistance spéciale de sa part préserve de toute erreur. Nous ne pouvons donc jamais mieux connaître les choses que par les enseignements des livres saints, qui renferment la parole de Dieu lui-même et par ceux de l'Eglise qui nous explique les premiers et nous en ouvre le véritable sens. Or, il n'est pas une seule page de ces livres divins qui ne renferme une malédiction contre le monde, et un avertissement pour nous d'en fuir avec soin les charmes trompeurs. C'est surtout dans l'Evangile de Saint-Jean, le plus doux des apôtres, le disciple bien aimé du Sauveur, que nous trouverons d'une manière plus saisissante, les traits sous lesquels le monde s'est présenté à l'esprit de Jésus-Christ, qui, étant la Sagesse incarnée, ne peut avoir sur chaque chose que l'idée la plus juste et la plus parfaite.

Il est certain d'abord, d'après cet apôtre, que lorsque le Verbe a fait son apparition dans le monde, le monde ne l'a point connu.

Lorsque Jésus-Christ veut confondre les juifs et leur montrer l'opposition qui les sépare de lui, voici ce qu'il leur dit : Vous êtes d'en bas, et moi je suis d'en haut. Vous êtes de ce monde, et moi je ne suis pas de ce monde. Je vous dis donc que vous mourrez dans vos péchés. (JEAN VIII, 23). Se peut-il rien voir de plus précis et de plus concluant contre le monde ? Il a son origine et le siège de sa puissance dans les basses régions de la terre, tandis que le règne de Dieu se produit dans les régions les plus élevées du cœur humain. La bonne Marie à l'heure qu'il est, peut exprimer son jugement sur le monde, parce qu'elle a pu constater les effets déplorables de celles qui le pratiquent et qu'elle connait elle-même. Oui, elle est heureuse de s'en être affranchie parce qu'elle ne veut pas d'une vie molle et désordonnée, préférant au contraire une vie active et laborieuse dont le but doite être favorable à sa tranquilité d'ici-bas, et au bonheur de son âme.

La vie d'une femme mondaine est une vie factice ; et il n'y a point de milieu pour une femme entre ces deux alternatives : vivre par l'esprit et le cœur, ou vivre par les sens et l'imagination ; donner la conduite de la vie à l'intelligence éclairée par la foi, ou l'abandonner, comme un vaisseau sans gouvernail au caprice de la passion et du plaisir. Je ne crois pas inopportun d'avoir parlé du dégoût qu'a pour le monde la pieuse et prévoyante Marie, car en ne connaissant absolument pas le mal, elle a élevé sans cesse son cœur à Dieu qui l'a récompensée en l'offrant comme modèle de vertu et de dévouement. Et puis son temps a été tout absorbé par les études intellectuelles et loin d'avoir eu toutes les déceptions que déplorent actuellement bien des femmes de son âge, elle se trouve toujours heureuse du soin qu'elle a pris pour être en paix dans l'accomplissement de ses devoirs quotidiens. C'est immédiatement après sa première communion et la réception du sacrement de confirmation, que Marie se décide à fuir le monde en continuant à vivre comme elle l'avait appris sur les genoux de sa pieuse et tendre mère. Si les mères de familles pour la plupart étaient soucieuses de l'honneur de leurs filles, combien de soins n'en prendraient-elles pas après leur première communion, ou à l'époque qu'elles sortent de la pension ; ce serait un moyen salutaire d'enrayer le mal qui ronge et détruit la société. Tandis que le bon sens pratique détournait du monde la petite Marie, l'amour de Dieu s'épanouissait dans le cœur de la pieuse enfant, et donnait des résultats enviés par beaucoup de celles qui n'avaient ni son courage ni sa fermeté. Deux ans après sa première communion, Marie fut jugée capable de subir les examens pour l'obtention du brevet simple.

A l'époque, ces examens avaient leur programme plus chargé qu'en France ; il est aisé de comprendre le mérite de Marie, alors qu'elle n'avait que quinze ans, lorsqu'elle voulut se présenter. Les religieuses de la pension étaient sûres du bon résultat qu'obtiendrait la plus intelligente et la plus laborieuse de leurs élèves.

Marie se présenta donc devant les examinateurs à l'époque requise. Elle ne se flattait pas, bien qu'elle eût confiance dans son succès. Humble et modeste, elle ne demandait qu'une seule chose en ce moment, c'est que ses examinateurs ne fussent pas brusques à son égard. Son désir ne se réalisa pas dès le début des épreuves écrites, néanmoins elle ne perdit point courage. Le lendemain sur le tableau des candidats admises aux épreuves orales, se trouvait le nom de Marie inscrit le premier.

Lorsque la douce Marie se présenta pour être questionnée sur les matières orales de l'examen, les deux examinateurs la félicitèrent de l'intelligence et du discernement dont elle avait fait preuve dans les sujets traités par écrit. Une légère rougeur effleura alors les joues de l'enfant, comme pour témoigner de sa candeur et de son innocence. Interrogée successivement sur la géographie, l'histoire, les mathématiques, etc., Marie répondit avec assurance et savoir. Pour satisfaire leur curiosité et afin de s'assurer jusqu'où pouvaient aller les limites des études de Marie, les examinateurs dépassèrent le cadre imposé à ce genre d'examens. Ces Messieurs reconnurent vite le sujet qu'ils avaient en leur présence; ils engagèrent alors Marie à préparer les matières que comportait le brevet supérieur. Les spectateurs applaudirent la bonne Marie comme expression des sentiments que manifestaient les examinateurs.

Marie s'en fut toute confuse mais heureuse de son premier succès. Le nombre d'aspirantes au brevet simple était de cent quinze ; Marie fut reçue avec le premier numéro et félicitations méritées. Marie se remit tout simplement au travail, n'écoutant pas les félicitations dont elle était l'objet, mais poursuivant toujours avec le secours de Dieu la réalisation des promesses qu'elle avait faites. Au pensionnat, on donna dès le jour de son arrivée une promenade supplémentaire et longtemps on parla de l'honneur qu'elle accordait à la maison si digne de telles élèves.

Le père et la mère de Mario pleuraient souvent de joie, en remerciant la Providence de leur avoir donné une enfant qui paraissait trop récompensée dès cette vie. Dieu sait se ménager ses sujets. A toute époque on en rencontre avec une mission divine mais cachée, ils sont destinés à montrer que la religion n'exclut pas la science, mais qu'au contraire elle la développe par des mœurs pures qu'aucun souffle délétère ne ternit et ne préoccupe. Laissez-moi vous admirer, chère amie, du choix providentiel et du soin avec lequel vous y avez répondu avec zèle et empressement. Oui, on l'a dit bien souvent, l'intelligence de la femme honnête est dans son cœur. C'est de celui-ci, comme d'une source profonde, que lui viennent, et les pensées qui élèvent son esprit, et les pensées qui l'inclinent vers la terre. C'est lui qui est la clef de toutes les puissances de son âme, de sorte que celui qui a su s'emparer une fois de son cœur gouverne en souverain tout son être, et y exerce un pouvoir de fascination dont aucun autre ne saurait donner l'idée. Dieu, qui dispose chaque être pour le but qu'il s'est proposé en le créant, a creusé dans le cœur de la femme un abîme qu'aucune affection humaine ne peut ni combler ni épuiser, parcequ'il voulait disposer, pour ainsi dire, son être tout entier dans l'amour, et lui rendre faciles et nécessaires les sentiments les plus nobles et les sacrifices les plus héroïques. On peut juger par là, combien la femme doit garder son cœur et en surveiller exactement tous les mouvements, puisque le cœur est la principale pièce de l'âme, et dès qu'il est gagné, il entraîne toutes les autres.

Or donc, si vous voulez posséder votre cœur, disait l'ingénieuse Marie, et vous assurer une vie exempte de soucis et de remords, attachez-le fortement à Dieu, accoutumez-le à préférer toujours le devoir au plaisir, et à se proposer dans tous les mouvements de la vie un but digne de la grandeur de nos destinées. Imitez donc dans l'avenir ces jardiniers intelligents qui visitent chaque jour leur jardin, la serpe à la main, et coupent toutes les branches qui pourraient épuiser l'arbre ou le surcharger, sans se laisser arrêter par la fraîcheur de leur feuillage ou l'éclat de leurs fleurs. Si vous voulez bien cultiver votre cœur et lui faire produire tous les fruits de vertus qu'il peut donner, n'y laissez, comme la petite Marie, rien croître d'inutile ou de superflu, et attachez-vous à ce qu'il y a de meilleur, mesurant votre estime et votre application au degré d'importance que mérite chaque chose, en plaçant au-dessus de tout, dans votre esprit et votre cœur, les vertus qui vous rapprochent de Dieu davantage, et les devoirs qui vous obligent envers lui. Bien souvent, au contraire, quand par légèreté d'esprit ou de cœur, on déplace les choses, mettant celles qui valent moins au-dessus de celles qui leur sont supérieures, négligeant les vertus solides et cachées pour les qualités brillantes, on n'obtient ni celles-ci ni les premières : Dieu le permettant ainsi pour punir ce renversement de l'ordre moral et des lois qui le régissent : c'est ce qu'avait prévu Marie en vue de son avenir.

CHAPITRE XII

Marie à Valence

L'année qui suivit l'obtention du brevet simple par Marie, causa une nouvelle épreuve au cœur de la bonne enfant. Son père et sa mère obligés de s'absenter de la Mère-Patrie, pendant l'intervalle de deux années, confièrent leur enfant à des parents qu'ils avaient à Valence. Marie ne put plus retourner à son pensionnat favori et cette peine qu'elle en ressentait était encore augmentée par l'absence de ses parents. Son genre de vie à Valence fut tout-à-fait opposé à celui qu'elle laissait. Afin que Marie puisse continuer ses études, on la fit recevoir comme externe à l'Ecole Normale et puis elle devait loger en ville chez son oncle. De ce côté, la pauvre enfant eut beaucoup à souffrir car sa tante, d'une humeur acariâtre, ne cherchait qu'à contrarier la bonne enfant dans toutes ses voies. D'abord, elle commença à la priver de nourriture, le travail de Marie exigeant un bon entretien, bientôt la santé de l'enfant fut èbranlée. Ensuite, dès qu'elle avait quelque petit loisir, sa tante l'employait comme domestique en lui faisant faire les travaux les plus rudesde la maison. Au milieu de toutes ces souffrances, les consolations uniques qu'elle accordait à Marie, consistaient dans un langage brusque et jaloux et les mauvais traitements couronnaient ce procédé infâme à l'égard d'une enfant si douce et si gentille. Marie avait réfléchi, pour écrire à son père et à sa mère, combien elle était mal chez son oncle, mais soit pour ne point donner de soucis à ses parents absents, soit qu'elle ne vit pas d'autres issues plus avantageuses, elle supporta sa position décourageante sans murmurer, se contentant de pleurer souvent. Exposée de toute part à des dangers incontestables, Marie resta toujours ce qu'elle avait été, sage et pieuse.

Les professeurs de l'Ecole Normale étaient contents de ses progrès et des dispositions qu'elle apportait au travail, mais tout n'était pas là pour satisfaire Marie. Des circonstances providentielles mirent bientôt la pauvre enfant en relation avec un saint vieillard, âgé de quatre-vingt ans, le Révérend Père Joseph, supérieur des Minimes. Mis au courant des mauvais traitements dont Marie était l'objet, ce vénérable religieux employa tous les moyens possibles pour adoucir la situation de cette enfant qu'il connaissait déjà à son extérieur.

Chaque jour un domestique apportait à Marie la nourriture indispensable à son âge et cela continua jusqu'à l'arrivée de ses parents. Le Père Joseph porta plus loin encore le soin qu'il avait pour la petite enfant, il fit appeler sa tante qui nia effrontément les souffrances qu'elle causait à sa nièce et, pour sortir alors d'embarras, le saint religieux proposa de faire entrer Marie comme pensionnaire à l'Ecole Normale. La tante répondit alors que les parents de Marie l'avaient chargée d'en prendre soin et, qu'elle encourait leur disgrâce si elle agissait autrement que d'après ses engagements. La situation de Marie ne devait pas s'améliorer de ce côté, mais elle comptait sur la bonté de son protecteur pour la consoler de cette adversité. La souffrance habitue l'âme aux épreuves de la vie en raffermissant la volonté et en habituant le corps aux souffrances qu'il aura à supporter plus tard.

Ceux qui surtout, comme Marie, sont soutenus par les devoirs religieux ne se donnent jamais au désespoir, mais, au contraire, ils apprennent à pouvoir vivre de la manière dont le divin Sauveur l'a indiqué : confiez-vous à Dieu avec un cœur aimant, et il ne vous abandonnera pas. La pieuse Marie agissait de la sorte, car tous les samedis on la voyait agenouillée au tribunal de la pénitence. De même que ses qualités avaient transpiré au dehors partout où elle était passée, de même on l'avait remarquée ici comme très recueillie en piété, et sérieuse dans ses dévotions. Comme ce moine qui, après avoir vécu quarante ans dans l'église de son monastère, ne sut répondre lorsqu'on lui demanda de quelle couleur étaient les vitraux de son église, bien des informations prises nous permettent d'assurer que Marie, à l'instar de ce religieux, n'avait jamais porté ses yeux ailleurs dans l'église que vers le saint Tabernacle qui possédait le Dieu trois fois saint. Le père Joseph constatait de plus en plus la piété que possédait la petite Marie, aussi profitât-il de toute occasion pour lui en manifester sa joie en la raffermissant par quelques dons d'objets de piété dont elle était avide.

En souvenir des souffrances de Notre-Seigneur, le père Joseph lui donna une relique de la vraie croix en l'engageant à unir les siennes à celles du divin Rédempteur.

Marie profita du don de discernement de son vénérable confesseur pour lui soumettre sa vocation. Son assiduité et sa persévérance lui faisaient surmonter tous les obstacles que l'on rencontre en pareille circonstance ; ni les découragements, ni les rudesses ne purent la lasser. Lorsque le pieux religieux vit l'effort incessant de Marie qui désirait agir, non pas comme d'ordinaire, mais selon les vues de Dieu, celui-ci prit ses désirs en considération et demanda un temps illimité pour se prononcer. Les deux années que la douce Marie devait passer à Valence devaient être employées à étudier sérieusement sa vocation, à obtenir son brevet supérieur et puis à comprendre la valeur du monde par le contact qu'elle en avait et les souffrances continuelles dont elle était l'objet.

Toujours soucieuse d'unir ses destinées en conformité avec celles voulues par la Providence, Marie avait toujours employé la maturité de son jugement, non pas, comme on le sait, aux préoccupations du siècle, mais au rôle important d'une vie remplie de sagesse dans n'importe quel état.

Que l'on remarque, en effet, quel mérite pour une fille de seize ans, travaillant pour obtenir un dernier grade au milieu de toutes les souffrances et de toutes les contradictions ; mais rien ne paralyse le courage de Marie, elle veut fermement, comme par le passé, suivre la voie des filles honnêtes et pures pour être dans la suite aussi pieuse dans l'état voulu de Dieu qu'elle l'avait été dans ses jeunes ans. A cet effet, elle en prenait les moyens, choisissant ses compagnes avec une grande attention et fuyant celles qui lui paraissaient dangereuses comme un poison subtil.

Du reste, absorbée par son travail et l'amour de la solitude, on ne la voyait que seule ordinairement, afin d'éviter les loisirs et savourer la paix intérieure et la tranquillité d'âme que donne l'éloignement du monde et l'amour de Dieu. Aussi, la pieuse Marie répétait souvent les paroles de ce célèbre académicien français : « Quoi que vous disiez, rapportez tout à Dieu. Que dans vos compositions, comme dans la création, tout commence en lui. Croyez en lui comme les femmes et comme les enfants. Faites de cette grande loi toute simple le fond et comme le sol de toutes vos œuvres. Qu'on les sente marcher fermement sur ce terrain solide. C'est Dieu, Dieu seul qui donne au génie ces profondes lueurs du vrai qui nous éblouissent. Sachez-le donc, penseurs ! »

Depuis quatre mille ans qu'elle rêve, la sagesse humaine n'a rien trouvé hors de lui. Parceque dans le sombre et inextricable réseau des philosophies inventées par l'homme, vous voyez rayonner ça et là quelques vérités éternelles, gardez-vous d'en conclure qu'elles ont la même origine et que ces vérités sont nées de ces philosophies. Ce serait l'erreur de gens qui, apercevant les étoiles à travers les arbres, s'imagineraient que ce sont là les fleurs de leurs noirs rameaux. Le nom de l'orateur? Victor Hugo, mais Victor Hugo de 1845.

La douce Marie savait employer convenablement le temps de sa jeunesse. L'époque des examens arriva et Marie devait y prendre part. Le programme assez surchargé de matières ne repoussa pas l'aspirante. Pâle et souffrante des misères dont sa tante l'abreuvait, elle avança d'un pas ferme devant les examinateurs. Marie sortit victorieuse et triomphante de cet examen avec une mention fort agréable pour récompenser son courage et sa persévérance. Sa composition classée au premier numéro, comportait une médaille d'or qu'elle reçut avec son certificat. Le jury félicita la douce Marie en présence de tous les assistants, en parlant surtout de son goût pour les ouvrages d'art, tels que broderies, fleurs ouvragées, etc., et la foule applaudit chaleureusement l'orateur de l'éloge qu'il adressait à Marie connue par sa sagesse dans presque tout Valence.

Dès ce jour, il lui fut permis de faire précéder son nom du titre de Doña, exclusivement réservé à celles de son grade. Marie écrivit aussitôt à ses parents pour leur annoncer sa réussite et la fin de ses classes primaires ; à côté de ces joies, la pauvre Marie avait encore des ennuis, mais tempérés par l'âge et l'expérience d'un vieillard, elle les faisait tourner à son perfectionnement. On parla longtemps de la science de Marie, car l'examen ayant été public, on avait pu la voir à l'œuvre dans tous les détails de son examen, qu'elle avait sérieusement préparé. On lui offrit plusieurs fois une place de préceptrice dans une famille notable de l'endroit, mais elle refusa car ce genre de milieu ne lui convenait pas, elle préférait s'appliquer maintenant à bien connaître sa vocation et employer ainsi son temps jusqu'à l'arrivée de son père et de sa mère.

Respectée et vénérée dans tout Valence à cause de sa piété et de sa conduite, Marie n'en continua pas moins sa vie cachée, évitant les invitations qu'on lui faisait dans plusieurs salons de la ville, craignant trop la dissipation.

Oh ! qu'elle est rare aujourd'hui, cette paix douce et solide à la fois, cette quiétude, ce contentement intérieur, cette joie pure et simple qui était autrefois le bien le plus précieux des familles chrétiennes, et qu'elles se transmettaient, comme un riche héritage, de génération en génération ! C'est qu'alors la pensée de Dieu et de l'éternité présidait à toutes les actions importantes de la vie, c'est que Dieu était consulté sincèrement dans la prière et la méditation, toutes les fois qu'il s'agissait de prendre une détermination grave : et en est-il une plus grave en ce moment pour Marie que celle du choix de la vocation ! Il n'y a pas lieu de se préoccuper des soins de Marie pour sa vocation ! Tandis qu'une jeunesse légère et dissipée se prépare pour un âge avancé des jours tristes et désolés, la jeunesse sérieuse de Marie, se préparait une vieillesse douce et agréable. Ne vous confiez donc point dans votre jeunesse, ô demoiselles, elle passera bien vite : l'éclat de vos yeux perdra de sa vivacité, la fraîcheur de votre visage s'effacera ; l'espérance qui surabonde dans votre âme fera place aux tristes souvenirs ; à la joie qui pétille en votre cœur, succèderont la douleur et l'ennui.

On vous flatte, on vous loue aujourd'hui; bientôt tout vous fera défaut : la force, la santé, la gaieté, le monde avec ses séductions flatteuses. Il ne vous restera plus que Dieu et votre âme. Que ferez-vous, si vous n'avez jamais appris à causer intimement avec l'un et l'autre ? La pieuse Marie a toujours trouvé dans sa foi inébranlable un écho des avertissements divins. Aussi voyez quels sont les résultats qu'elle a obtenus. Dieu lui a envoyé la douleur à certaines époques, mais cette douleur, tout en servant à sa formation, n'a été que passagère.

Sortie de l'école normale après l'obtention de son

brevet supérieur et de sa médaille d'or, Marie fut plus libre et sa tante en profita pour augmenter ses mauvais traitements. Les deux années d'absence du père et de la mère de Marie étaient à leurs termes, deux ou trois mois encore, et elle était tout à fait libre. Des alternatives de vocation religieuse préoccupaient alors l'esprit de Marie, mais là, elle ne devait pas être appelée. Dans toutes les vocations Dieu bénit ses sujets, et il fait choix des dispositions des âmes pour embellir chaque état et montrer aux hommes que l'on peut se sanctifier dans toutes les vocations. Ce furent des circonstances particulières par lesquelles Marie reconnut qu'elle n'était pas réellement appelée à la vie religieuse, mais qu'elle devait continuer le type de la famille foncièrement chrétienne d'où elle avait pris origine.

Dans un siècle ou le dévergondage ronge et divise le foyer conjugal, ce n'est pas un mal qu'à côté de ces divisions clandestines il y ait un foyer vivant en bonne union et de concert avec les lois de Dieu et celles qui doivent régir un peuple pour le bien. Le bon Dieu le veut ainsi pour Marie, puisse-t-il la bénir longtemps, afin qu'elle nous fasse connaître quel mérite elle a acquis en continuant toujours à remplir ses devoirs envers Dieu. Le vénérable religieux console la pieuse Marie et l'engage à accepter ce nouveau sacrifice, qui doit être une consolation pour son âme et plus tard un bonheur pour ses ascendants.

Les parents de Marie, arrivés enfin à Valence, amenèrent avec eux leur fille pour lui raconter la réussite dans leurs affaires, ce qui leur permettait de donner une dot assez convenable à leur enfant.

CHAPITRE XIII

Le Mariage de Marie

Doit-on être étonné qu'après avoir passé une jeunesse si exemplaire, Marie n'aille pas au couvent. Tout d'abord, la conséquence nous parait incontestable, mais si l'on examine sérieusement la question, ne verra-t-on pas dans les siècles précédents des femmes engagées dans le mariage, qui ont été un sujet d'édification pour leur semblable, et sont mortes en odeur de sainteté. Nous n'avons certes pas la prétention d'exalter jusque-là notre amie qui s'inspire toutefois de ces sortes d'exemples, mais notre intention consiste à dire que l'on peut se sanctifier dans le mariage comme partout ailleurs, lorsqu'on le veut formellement. Et quelle est donc la cause de tant de maux multiples qui rongent la société à cette heure? Est-ce que ces maux n'ont pas leur base dans le manque de soins que l'on apporte dans le mariage? Il est presque inutile d'insister longtemps sur cette réflexion que, de notre temps, la plupart des mariages sont uniquement déterminés par des motifs d'intérêts matériels. Le pauvre se marie pour que la femme prenne soin du ménage et que l'association diminue les dépenses de la vie séparée ; le riche est décidé par la beauté de sa fiancée, sans s'inquiéter de ses qualités et de sa conduite. La jeune fille choisit celui qui lui apportera la dot convoitée pour satisfaire ses goûts de frivolité. Elle n'écoutera ni les sages conseils, ni les objections de ses parents. Au jour du mariage, on se livre inconsidérément aux fêtes, sans qu'une pensée sérieuse vienne s'y joindre, sans réfléchir que le lendemain amènera peut-être des difficultés, des embarras, du moins de graves devoirs, sans comprendre la responsabilité du serment qui vient d'être prononcé devant Dieu. Que de bénédictions manqueront à ces unions où les considérations morales et les sentiments religieux ont fait défaut.

Après ne s'être pas bien préparés au mariage, beaucoup s'y comportent mal. Je ne parle pas de ceux qui se livrent à de coupables désordres, je me borne à signaler ceux qui, dans leur conduite habituelle, négligent de conserver la paix et la concorde : or, ces biens précieux ne s'acquièrent que par des concessions mutuelles, par une condescendance réciproque, par l'indulgence pour les défauts ; le bonheur conjugal n'existant qu'au prix d'un dévouement constant.

Marie, dès qu'elle a accepté l'offre qui lui a été faite, est devenue soucieuse et réfléchie sur l'engagement qu'elle allait contracter. Bien qu'elle ait mûrement pensé sur le genre de vie nouvelle qui faisait le partage de son avenir et que le fiancé, sorti de bonne famille, offrit toutes les garanties qu'elle pouvait désirer, cela ne l'empêchait pas d'être découragée par intervalle à cause des sacrifices continuels qui s'imposaient pour elle.

Cependant, le spectacle que nous donne la femme chrétienne est très utile et très touchant. N'est-ce pas la mère qui, la première, parle à l'intelligence et à l'affection de son enfant ; n'est-ce pas l'épouse qui exerce sur son époux un salutaire empire ; elle n'a rien à envier à l'homme sur lequel elle peut régner par la douceur et la vertu. Tandis que les chastes filles de Saint-Vincent de Paul soignent dans les hôpitaux les maladies du corps, elles peuvent, ces épouses chrétiennes, travailler dans le monde à guérir les maladies morales. M. de Bonald a fait de la femme le ministre du pouvoir humain : le pouvoir, c'est l'homme ; le ministre, c'est la femme ; si l'homme (le pouvoir) était un simple ministre, sa force pourrait n'être qu'une tyrannie.

Mais voici qu'à ses côtés Dieu a mis un ministre doux et clément, dont la faiblesse est toute puissante pour calmer les caprices du commandement et les emportements de la domination. La femme prend pour elle, avec dévouement, la part des souffrances ; et tandis que l'homme veille à la défense, elle veille au bonheur.

Ah ! que ce rôle de la femme chrétienne est donc beau ! A la femme, il appartient encore de ramener le goût du foyer domestique, première source de morale; de contentement et d'honneur, et en sauvant la famille, elle sauve la société, si malade qu'elle soit, car la société, n'est qu'une grande famille. On rapporte que la veuve de Louis XVI n'avait jamais oublié les enseignements de la grande Marie-Thérèse, sa mère, qui lui avait constamment répété pendant son enfance dans les palais de Vienne : « Ma fille, vous êtes destinée à être reine ; apprenez donc à être forte, et souvenez-vous que la source de toute force, c'est la foi religieuse. »

Qu'avez-vous à craindre du mariage, ô Marie, si la foi ne doit pas vous laisser, et si vous continuez dans cet état, l'exemple de piété qui vous a tant soutenu pendant votre jeunesse.

Vous êtes appelée à faire du bien en donnant l'exemple que vous avez appris auprès de votre pieuse mère. Vous soutiendrez votre mari par vos encouragements dans la voie de la droiture et de l'honnêteté. Vous apprendrez à vos domestiques les devoirs religieux en adoucissant votre commandement. Un jour Napoléon Ier fit cette question à Madame Campan : « Que manque-t-il aux jeunes personnes pour être bien élevées en France ? Des mères, lui répondit Madame Campan. Le mot est juste reprit Napoléon, vous deviendrez une de ces mères ; et, dans ce siècle où on ne désire guère que les honneurs, les plaisirs et les richesses, vous apprendrez à vos enfants à vivre selon les préceptes opposés, c'est-à-dire à être simples et humbles, n'employant les richesses que pour le bien des pauvres. Vous leur direz souvent : « Travaillez à ne pas vous laisser éblouir et enivrer par cette félicité passagère que le monde peut donner. Prenez garde qu'elle ne vous fasse oublier vos devoirs, Dieu, le prochain et votre âme.

Mais que d'incessantes actions de grâces, qu'une charité ardente, ingénieuse, infatigable, que votre cœur disposé à accueillir l'épreuve, dès demain s'il le faut, d'un front aussi serein comme aujourd'hui la prospérité, que tout cela vous préserve des innombrables pièges qu'une fortune toujours clémente ne cesse de tendre sur nos pas. Entrée de bonne heure dans l'enseignement chrétien au sein de votre famille, quel bien n'aurez-vous pas fait à votre vieillesse. Aussi Dieu vous en dédommagera en y donnant un charme particulier, qui attirera autour de vous tous les esprits graves et réfléchis.

Je ne sais quelle douce jeunesse respireront vos entretiens et vos manières. Votre pensée n'aura rien perdu de sa fraîcheur ; vos affections auront conservé leur vivacité ; le feu de votre regard, tempéré par l'habitude native de la réflexion et de la gravité des pensées, donnera à vos traits quelque chose d'aimable et de majestueux à la fois. Votre parole éclairera, vos conseils fortifieront ; vos reproches guériront le cœur et le feront rentrer en lui-même. Le petit cercle de vos amis, loin de diminuer, s'étendra tous les jours davantage.

Vous n'aurez jamais été courtisée, mais aussi vous ne serez ni délaissée, ni méprisée. Dans votre jeunesse, vous n'aurez jamais eu de flateurs, mais aussi dans votre vieillesse vous ne connaitrez point les ingrats. Vous n'avez jamais cherché à plaire par des agréments factices, mais vos amis fidèles vous rappelleront votre jeunesse pleine de vertus et de sacrifices continués jusqu'à ce jour. Rien n'aura changé en quelque sorte autour de vous, ni les hommes, ni les choses, parce que votre esprit aura toujours été grave dans vos pensées, et que votre cœur n'aura jamais eu que des affections solides. Et, pendant que les compagnes de votre jeunesse languiront et se décrépiteront dans leurs vieux jours, vous verrez pendant ce temps se presser autour de votre personne une multitude d'âmes avides de vous entendre et de profiter de votre expérience.

La jeunesse sérieuse se prépare ainsi une vieillesse douce et agréable ; tandis qu'une jeunesse légère et dissipée se prépare, pour un âge avancé, des jours tristes et désolés.

Ne vous confiez donc point dans votre jeunesse ; elle passera bien vite ; l'éclat de vos yeux perdra de sa vivacité, la fraîcheur de votre visage s'effacera ; l'espérance qui surabonde dans votre âme fera place aux tristes souvenirs ; à la joie qui pétille en votre cœur succéderont la douleur et l'ennui. On vous flatte, on vous loue aujourd'hui ; bientôt tout vous fera défaut : la force, la santé, la gaîté, le monde avec ses séductions et ses flatteries, il ne vous restera plus que Dieu et votre âme. Voilà la catégorie de ces femmes trop volages qui n'ont pensé qu'aux plaisirs.

Mais, Marie, n'appartient pas à celles-ci, mais à celles dont nous avons parlé déjà dans un tableau plus rassurant.

Marie n'a point cherché pour ses noces le faste et le plaisir. Tout s'est passé dans une convenable tranquillité, n'ayant jamais voulu se trop montrer au dehors. Sa modestie, sa piété et son recueillement ordinaires n'ont rien perdu depuis son entrée en ménage. Sa plus grande récréation se passe au piano, et puis, le temps de la récréation passé, viennent la direction de la maison et des ouvrages d'art.

La mère chrétienne n'est-elle pas, en effet, ce type charmant de l'art chrétien qui, des catacombes à la Renaissance, s'est transformé tant de fois, mais sans changer, ce type de la vierge-mère, de la mère tendre et pure, portant dans ses bras l'Enfant-Dieu. Ah ! je sais qu'il y eut à Nazareth une fille des rois, une compagne de l'artisan qui enfanta Jésus-Christ; mais je sais aussi que cette femme est devenue dans les splendeurs du christianisme le type suprême de la maternité. O mère chrétienne, créée par l'Eternel, rachetée par le Christ, regarde cette rayonnante et mystérieuse image : c'est ta sœur, c'est ton modèle et ta foi. Comme elle, retiens ton enfant jour et nuit dans le berceau de tes bras et de tes caresses, nourris-le de ta propre substance, ce sera sur ton cœur qu'il recevra la première éducation. Pendant plusieurs mois, aucune pensée ne se fait jour dans son esprit, mais tu seras bientôt la première individualité qui se soit révélée à lui, la première pensée qui éclaire son esprit, la première affection qui tressaille dans son cœur ; ce sourire, qui n'appartient qu'à la créature humaine, sera d'abord pour toi, comme la première parole qui produit toujours une fête dans la famille ; mais cette parole ne sera pas seulement ton nom chéri, ce sera aussi celui de Dieu que, suivant la tradition des foyers chrétiens, tu as dû enseigner à ton enfant ; c'est là une sublime prérogative qui élève ton sacerdoce, auquel tu ne dois pas manquer d'être fidèle. Tel était le type de Marie devenue mère.

Son premier-né fut consacré tout spécialement à la très sainte Vierge, afin qu'elle le bénit et le protégeât comme elle l'avait fait pour sa pieuse et tendre mère. Ah ! c'est à partir de ce jour que Marie, devenue mère chrétienne, sentit son cœur palpiter d'amour et d'espérance pour sa primogéniture.

Et l'étreignant dans ses bras, elle se proposait d'en faire un fervent catholique et un homme de science. Toutes ses préoccupations étaient pour son fils, car elle fuyait en général tous les attraits du siècle qui ne donnent pas de contentement à l'âme pieuse. Votre charge est lourde cependant, ô Marie, mais comme par le passé, armez-vous de force et de courage et que la vue des difficultés qui vous attendent et qui sont inévitables, loin d'abattre votre âme, lui donne au contraire une nouvelle énergie. Moins vous trouverez de secours et d'appui dans les choses ou dans les personnes, plus vous devrez vous appliquer à fortifier votre esprit et votre cœur, en continuant à aimer Dieu. Vous pouvez juger par là, combien il vous importe de garder votre cœur, et d'en surveiller exactement tous les mouvements, puisque, le cœur étant pour ainsi dire, le siège principal de votre âme, dès qu'il est gagné, il entraîne tous les autres. C'est lui, en effet, qui les gouverne et leur communique le sentiment qu'il a reçu lui-même. C'est lui qui donne à l'esprit de la femme la plupart de ses conceptions ; et l'objet dont il est préoccupé devient inévitablement l'unique objet de toutes les pensées. C'est lui qui fournit à l'imagination ces images dont le fond reste immobile sous des formes qui varient sans cesse, tellement que l'on serait tenté quelquefois de les prendre pour une sorte d'obsessions, tant l'âme est absorbée par elles. C'est lui qui façonne à son gré la volonté, qui lui donne cette constance et cette souplesse à la fois que l'on remarque dans la plupart des femmes, et qui font qu'elles marchent opiniâtrement vers leur but, en variant avec un art infini leurs moyens. Quand leur cœur est plein d'un objet, rien ne leur paraît impossible : et c'est cette disposition qui les rend si puissantes pour le bien.

L'ardeur de la femme pour le bien est admirable, quand un sentiment pur et généreux s'empare de son âme, et la faiblesse naturelle à son sexe fait place à une énergie dont peu d'hommes seraient capables. Dieu seul connaît tous les trésors de vertus que produisent journellement en elles la charité, l'amour maternel, la piété filiale, le dévouement et la compassion. Qui pourrait bien définir ce que peut le cœur d'une mère foncièrement chrétienne, comme Marie, qui ne pense qu'à Dieu et à sa famille. Déjà prémunie contre les attaques dont elle peut être l'objet, elle marche sûrement vers ce but que son esprit a conçu, en ne maintenant dans son cœur que les affections pures, dans ses projets que des choses dignes d'une femme vraiment chrétienne, ne cherchant que la paix du cœur dans l'accomplissement de ses devoirs.

Oh ! qu'elle est rare aujourd'hui, cette paix douce et solide, cette quiétude, ce contentement intérieur, cette joie pure et simple qui étaient autrefois le bien le plus précieux des familles chrétiennes, et qu'elles se transmettaient, comme un riche héritage, de génération en génération ! C'est qu'alors la pensée de Dieu et de l'éternité présidait à toutes les actions importantes de la vie; c'est que Dieu était consulté sincèrement dans la prière et la méditation, toutes les fois qu'il s'agissait de prendre une détermination grave. Marie a introduit cet usage dans sa famille en ayant elle-même ressenti le salutaire effet, lorsque sa mère dévouée l'enseignait.

Une telle disposition ne peut qu'attirer les bénédictions de Dieu sur Marie, son époux et ses trois enfants; et si Dieu a appelé Marie à une vie d'occupation et de soucis au lieu de repos, c'est qu'il désire ardemment voir des familles chrétiennes comme il en existait jadis, mais dont le nombre décroît chaque jour sensiblement, parce que les mères n'ont plus soin de leurs enfants et qu'elles les abandonnent aux caprices de leurs passions. Au contraire, vos enfants jusqu'ici, ô Marie, ont donné des preuves des sentiments que vous leur avez inspirés et de la doctrine à laquelle vous les avez assouplis. Ainsi, vous pourrez arriver à la fin de vos jours, avec cette consolation, que le bien que vous aurez fait la veille, fera le bonheur de votre lendemain dont Dieu reste le garant.

CHAPITRE XIV

—

CONCLUSION

Comme nous l'avons dit dans notre prologue, celle dont nous avons essayé d'esquisser à grands traits les principaux actes de son existence, a toujours vu les difficultés de la vie s'aplanir devant elle à cause de sa foi inébranlable envers Dieu. Bien d'autres mérites de sa part sont restés cachés, pour le moment, afin de ne pas offenser sa modestie. Nous l'avons trop connue dans les faits que nous avons relatés, pour que nous n'assurions pas que c'est l'exacte vérité et le témoignage d'une province d'Espagne en fait foi. Nous n'adressons pas notre livre aux ennemis de la religion, parcequ'ils ne sauraient comprendre le besoin qu'aurait la société actuelle de posséder un grand nombre de ces âmes choisies, et surtout ils ne sauraient en mesurer le mérite, écoutant moins leur conscience que leurs passions. C'est surtout pour les amis que nous avons voulu écrire, car nous comptons sur leurs encouragements, et les avertissements qu'ils pourront nous faire, nous les accepterons avec plaisir.

Que tout lecteur de ce livre soit impartial et sans parti-pris, il verra ensuite que nous n'avons pas mal agi en faisant un bon livre de plus. Les souffrances de

Marie pendant sa jeunesse, ne sont pas ordinaires, et c'est un des motifs plus que suffisant qui nous a fait écrire sa vie, pour qu'elle serve d'exemple de résignation aux malheureux, en leur montrant que Dieu n'abandonne jamais ceux qu'il éprouve et qui lui restent fidèles.

Voilà notre tâche terminée, et, en finissant, qu'il nous soit permis de dire que le plus grand désintéressement a toujours présidé à nos intentions ; c'est pourquoi nous n'attendons aucun bénéfice de la vente de ce livre, nous proposant au contraire d'en donner un bon nombre de notre première édition.

Marie DULAC née TRALLERO.

TABLE DES MATIÈRES

ERRATUM

—

Page 3, ligne 10, au lieu de : insurmontable, lire : *insupportable*.

Id. ligne 15, au lieu de : encouragements, lire : *difficultés*.

Page 4, ligne 3, au lieu de : et en qui, lire : *et à qui*.

Id. ligne 5, au lieu de : lecture, lire : *livre*.

Id. ligne 7, au lieu de : elles pourront, lire : *ils pourront*.

Id. ligne 24, après qui fournit, ajouter et lire : *qui fournit des martyrs à toute époque, comme témoignage évident de sa vérité*, etc.

Id. ligne 25, supprimer des martyrs.

Page 5, ligne 26, au lieu de : principale éloquence, lire : *véritable éloquence*.

Page 7, avant-dernière ligne, au lieu de : que j'aurais, i re : *que j'aurai*.

Page 22, ligne 13, après le désir, supprimer *en*, et le reporter au commencement de la 15e, en lisant : *en résidence*.

Page 25, ligne 5, au lieu de : sait souffrir, lire : *peut suffire*.

Page 40, ligne 4, au lieu de : Los flores, lire : *Las flores*.

Id. ligne 11, au lieu de : Qu va, lire : *Que va*.

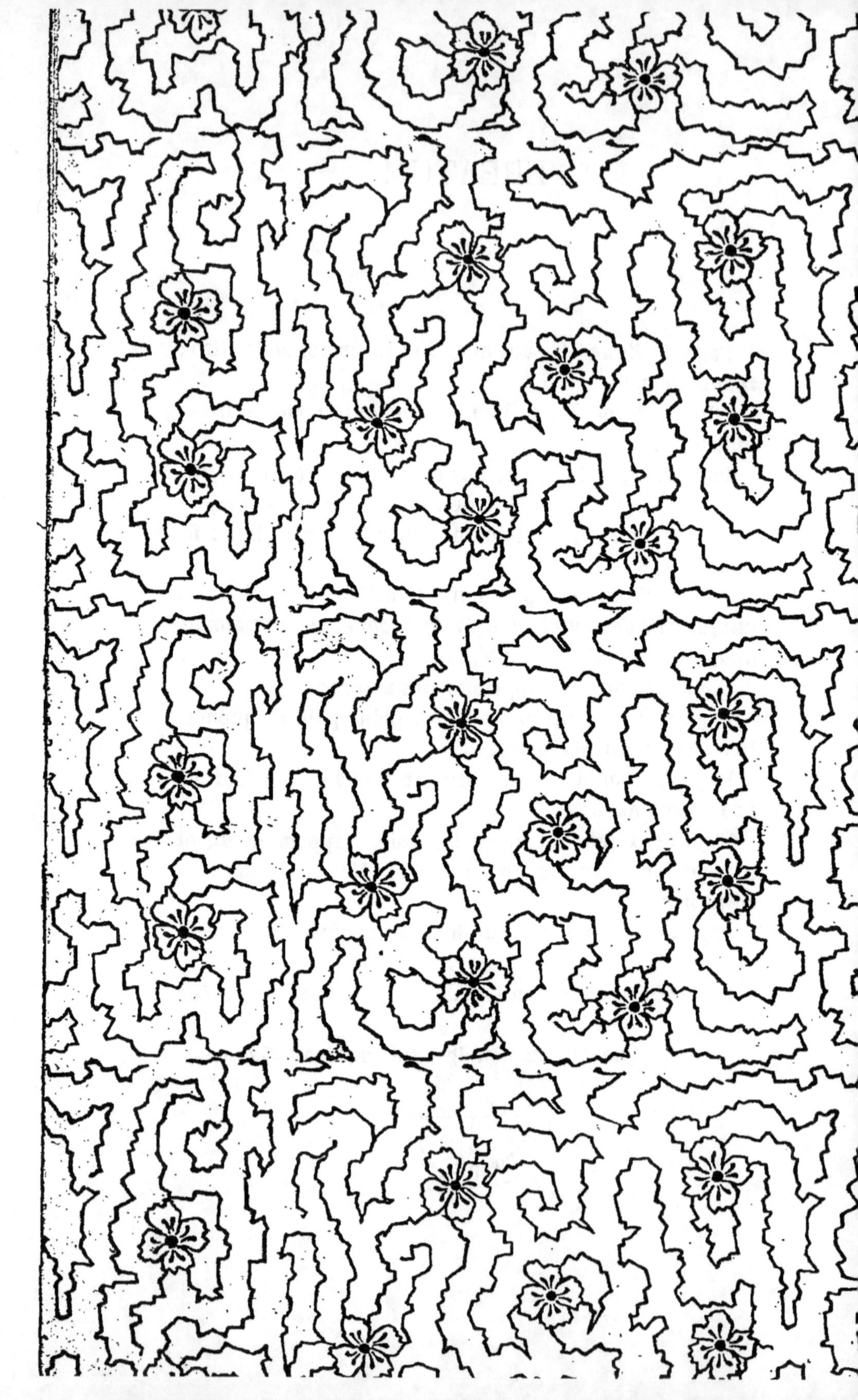

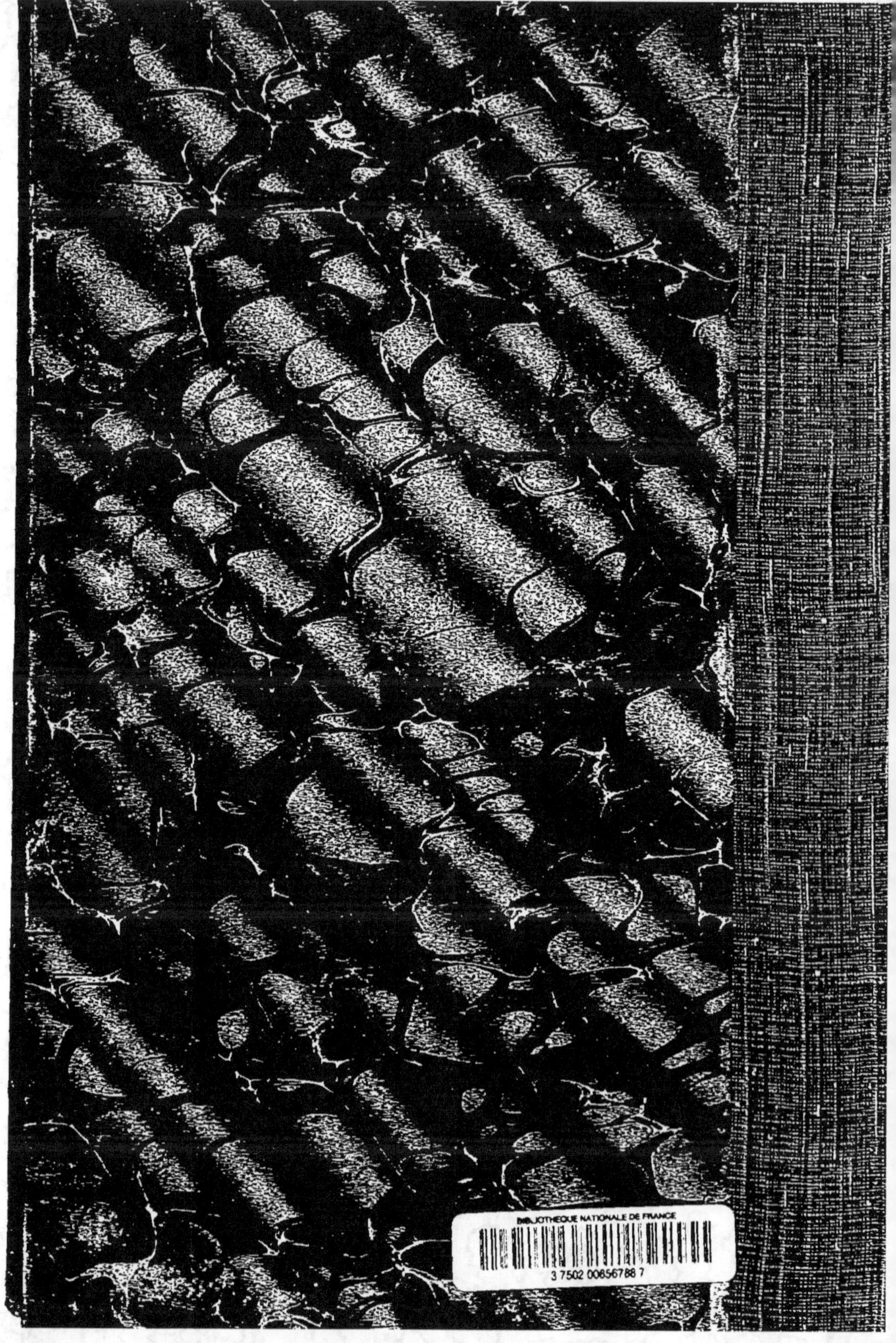
BIBLIOTHEQUE NATIONALE DE FRANCE
3 7502 00656788 7

www.ingramcontent.com/pod-product-compliance
Lightning Source LLC
LaVergne TN
LVHW020352230826
846091LV00003B/1074

* 9 7 8 2 0 1 3 4 0 4 8 6 0 *